うんこドリル

で、小学校の勉強を

楽しく総復習！

総復習

REVIEW BOOK

※書影やタイトルは予告なく変更させていただくことがございます。

計算をしましょう。

① $\frac{4}{5} \times \frac{1}{9}$　② $\frac{6}{11} \times \frac{2}{5}$　③ $\frac{3}{7} \times \frac{8}{11}$

④ $\frac{2}{3} \times \frac{1}{9}$　⑤ $\frac{5}{6} \times \frac{7}{9}$　⑥ $\frac{9}{10} \times \frac{7}{2}$

⑦ $\frac{5}{6} \times \frac{5}{3}$　⑧ $\frac{2}{3} \times \frac{11}{7}$

① $\frac{4}{45}$　② $\frac{12}{55}$　③ $\frac{24}{77}$　④ $\frac{2}{27}$　⑤ $\frac{35}{54}$　⑥ $\frac{63}{20}$ $(3\frac{3}{20})$　⑦ $\frac{25}{18}$ $(1\frac{7}{18})$　⑧ $\frac{22}{21}$ $(1\frac{1}{21})$

テストに出るうんこ

厳選！

日本のうんこ企《き》業《ぎょう》

ドアからドアへ，今日もうんこを運ぶ

うんこ運送業の うんこマッハ

計算をしましょう。

① $\dfrac{15}{8} \div \dfrac{5}{4}$　　② $\dfrac{8}{13} \div \dfrac{20}{39}$　　③ $\dfrac{8}{45} \div \dfrac{6}{35}$

④ $\dfrac{4}{9} \div \dfrac{10}{27}$　　⑤ $\dfrac{36}{35} \div \dfrac{8}{21}$　　⑥ $\dfrac{25}{24} \div \dfrac{5}{18}$

⑦ $\dfrac{9}{14} \div \dfrac{18}{35}$　　⑧ $\dfrac{16}{21} \div \dfrac{12}{7}$

① $\dfrac{3}{2}$ $\left(1\dfrac{1}{2}\right)$　② $\dfrac{6}{5}$ $\left(1\dfrac{1}{5}\right)$　③ $\dfrac{28}{27}$ $\left(1\dfrac{1}{27}\right)$　④ $\dfrac{6}{5}$ $\left(1\dfrac{1}{5}\right)$

⑤ $\dfrac{27}{10}$ $\left(2\dfrac{7}{10}\right)$　⑥ $\dfrac{15}{4}$ $\left(3\dfrac{3}{4}\right)$　⑦ $\dfrac{5}{4}$ $\left(1\dfrac{1}{4}\right)$　⑧ $\dfrac{4}{9}$

うんこ文章題《ぶんしょうだい》に
チャレンジ！

うんこに水をかけたいのですが，じゃ口から少しずつしか水が出ません。$\dfrac{4}{9}$時間で出た水の量は$\dfrac{7}{3}$Lです。1Lの水を用意するのに，何時間かかりますか。

式

答え ＿＿＿＿＿＿＿＿

式 $\dfrac{4}{9} \div \dfrac{7}{3} = \dfrac{4}{21}$　答え $\dfrac{4}{21}$時間

教科《きょうか》❶

学習日《がくしゅうび》

月《がつ》　　日《にち》

映像《えいぞう》

下《した》の絵物語《えものがたり》を読《よ》んで，英単語《えいたんご》を声《こえ》に出《だ》して読《よ》みながらなぞったあと，横《よこ》に同《おな》じように書《か》きましょう。

今日《きょう》の時間割《じかんわり》は 1.①国語《こくご》 2.②算数《さんすう》 3.③音楽《おんがく》 4.④理科《りか》 でしたが，
1.うんこ　2.うんこ　3.うんこ　4.うんこ　に変《へん》こうになりました。

Today's schedule was 1. Japanese, 2. math, 3. music and 4. science but it has been changed to 1. unko, 2. unko, 3. unko and 4. unko.

① 国語《こくご》 [ジャパニーズ]　「ニ」を強《つよ》く読《よ》むんじゃ。

Japanese

② 算数《さんすう》 [マス]　th のつづりに注意《ちゅうい》じゃ。

math

③ 音楽《おんがく》 [ミューズィク]

music

④ 理科《りか》 [サイエンス]　sci のつづりに注意《ちゅうい》じゃ。

science

教科《きょうか》❷

学習日《がくしゅうび》
月《がつ》　日《にち》

映像《えいぞう》

下《した》の絵物語《えものがたり》を読《よ》んで，英単語《えいたんご》を声《こえ》に出《だ》して
読《よ》みながらなぞったあと，横《よこ》に同《おな》じように書《か》きましょう。

①英語《えいご》と②社会《しゃかい》と③体育《たいいく》の時間《じかん》に2回《かい》ずつ，全部《ぜんぶ》で6回《かい》うんこをもらした。

Today I did unko in my pants twice during English, twice during social studies and twice during P.E. for a total of six times.

① **英語《えいご》** [イングリシ]　最初《さいしょ》の「E」はいつも大文字《おおもじ》じゃよ。

English

② **社会《しゃかい》** [ソウシャル スタディーズ]

social studies

③ **体育《たいいく》** [ピーイー]　「ペ」とは読《よ》まないぞい。「ピーイー」じゃよ。

P.E.

P.E.は
Physical（体《からだ》の）Education（教育《きょういく》）の
略《りゃく》じゃよ。

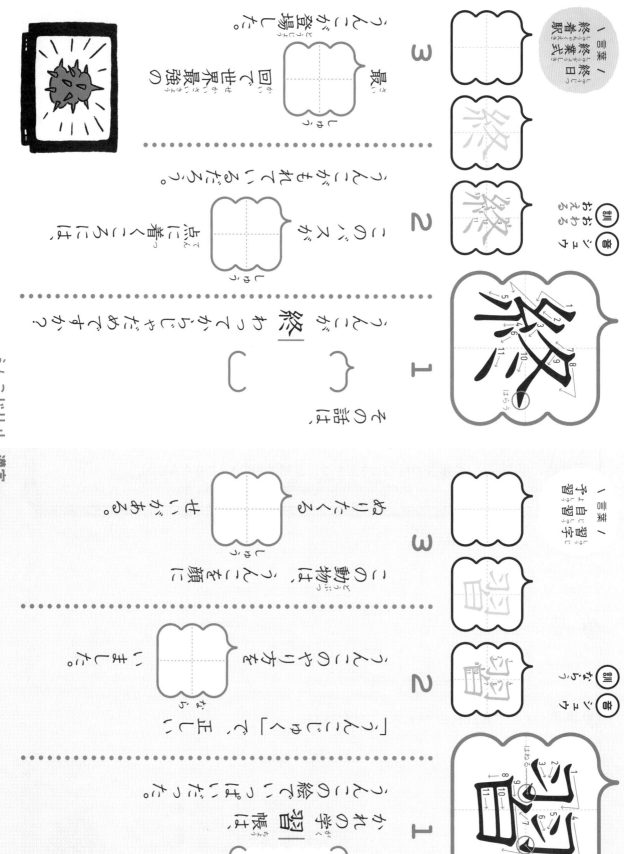

習

音 シュウ
訓 ならう

言葉：習字《しゅうじ》　自習《じしゅう》　予習《よしゅう》

1 かれの学《がく》習（　）帳《ちょう》は、
うんこの絵でいっぱいだった。

2 「うんこじゅく」で、正しい
うんこのやり方を□《なら》いました。

3 この動物《どうぶつ》は、うんこを顔に
ぬりたくる□《しゅう》せいがある。

終

はらう

音 シュウ
訓 おわる　おえる

言葉：終日《しゅうじつ》　終業式《しゅうぎょうしき》　終着駅《しゅうちゃくえき》

1 その話は、
うんこが終（　）わってからじゃだめですか？

2 このバスが□《しゅう》点《てん》に着《つ》くころには、
うんこがもれているだろう。

3 最《さい》□《しゅう》回《かい》で世界《せかい》最強《さいきょう》の
うんこが登場《とうじょう》した。

習 1 しゅう　2 習　3 習
終 1 お　2 終　3 終

総

音　ソウ
訓　ー

＼言葉／
総意《そうい》　総会《そうかい》　総力戦《そうりょくせん》

とめる　はねる

1　意見を総合《ごう》すると、（　　）かれのうんこが最も人気が高い。

2　[　]《そう》理大臣《りだいじん》が うんこをもらしたという速報《そくほう》が出た。

3　警察《けいさつ》が、[　]《そう》動員《どういん》で ぼくのうんこをさがしてくれた。

復

音　フク
訓　ー

＼言葉／
復元《ふくげん》　復習《ふくしゅう》　復旧《ふっきゅう》

はらう

1　傷《きず》が回《かい》復（　　）するまでうんこはやめておくよ。

2　うんこ英雄伝《えいゆうでん》　第七章 「黒うんこ王の[　]《ふっ》活《かつ》」。

3　体育の先生が、反《はん》[　]《ぷく》横《よこ》とびを しながらうんこをしてみせた。

総……1 そう　2 総　3 総　復……1 ふく　2 復　3 復

うんこドリルで、小学校の漢字を楽しく総復習！

※書影やタイトルは予告なく変更させていただくことがございます。

うんこ
英語
ポスター
In the City
街の中の単語
museum 博物館
10周年
ありがとう
department store
デパート
クリアランスセール
post office
郵便局
うんこ交通
cake shop
ケーキ屋
pet shop
ペットショップ
ridge 橋
flower shop
花屋
bookstore
本屋
わしの学校がある街じゃ。
街にあるものの英語を
確認するのじゃ。
brary
書館
zoo 動物園
river 川
train
電車
bike
自転車
airplane
飛行機
boat
ボート

sky 空
station 駅
うんこ駅
mountain 山
shrine
神社
city hall 市役所
convenience store
コンビニ
fire station
消防署
火の用心
stadium 競技場
hotel ホテル
movie theate
映画館
MOVIE
UNKO!!!
hospital 病院
street 通り
police station
警察署
sea 海
▶ 切り取って使おう。
探してみるのじゃ!
Let's find it!
bus
バス
うんこ交通
taxi
タクシー

：「元素《げんそ》」からできているのじゃ！
，それぞれ性質が似たものが
並んでおるぞい。
の理科で学ぶ内容じゃが，
番号がついていたり，
を記号で表したりするのじゃ。
校で出てきたものには
おるから，探してみてくれい！

9族	10族	11族	12族	13族	14族	15族	16族	17族	18族
									2 He ヘリウム
				5 B ホウ素	6 C 炭素	7 N ちっ素	8 O 酸素	9 F フッ素	10 Ne ネオン
				13 Al アルミニウム	14 Si ケイ素	15 P リン	16 S 硫黄《いおう》	17 Cl 塩素	18 Ar アルゴン
27 Co コバルト	28 Ni ニッケル	29 Cu 銅	30 Zn 亜鉛《あえん》	31 Ga ガリウム	32 Ge ゲルマニウム	33 As ヒ素	34 Se セレン	35 Br 臭素《しゅうそ》	36 Kr クリプトン
45 Rh ロジウム	46 Pd パラジウム	47 Ag 銀	48 Cd カドミウム	49 In インジウム	50 Sn スズ	51 Sb アンチモン	52 Te テルル	53 I ヨウ素	54 Xe キセノン
77 Ir イリジウム	78 Pt 白金	79 Au 金	80 Hg 水銀	81 Tl タリウム	82 Pb 鉛《なまり》	83 Bi ビスマス	84 Po ポロニウム	85 At アスタチン	86 Rn ラドン
109 Mt マイトネリウム	110 Ds ダームスタチウム	111 Rg レントゲニウム	112 Cn コペルニシウム	113 Nh ニホニウム	114 Fl フレロビウム	115 Mc モスコビウム	116 Lv リバモリウム	117 Ts テネシン	118 Og オガネソン

62 Sm サマリウム	63 Eu ユウロピウム	64 Gd ガドリニウム	65 Tb テルビウム	66 Dy ジスプロシウム	67 Ho ホルミウム	68 Er エルビウム	69 Tm ツリウム	70 Yb イッテルビウム	71 Lu ルテチウム
94 Pu プルトニウム	95 Am アメリシウム	96 Cm キュリウム	97 Bk バークリウム	98 Cf カリホルニウム	99 Es アインスタイニウム	100 Fm フェルミウム	101 Md メンデレビウム	102 No ノーベリウム	103 Lr ローレンシウム

うんこ先生とおぼえる

元《げん》素《そ》周《しゅう》期《き》表《ひょう》

The Periodic Table of the Elements

すべてのものに
縦と横にに
中学校
ものの名前
小学
がついて

▶切り取って使おう。

	1族	2族	3族	4族	5族	6族	7族	8族
1周期	1 H 水素							
2周期	3 Li リチウム	4 Be ベリリウム						
3周期	11 Na ナトリウム	12 Mg マグネシウム						
4周期	19 K カリウム	20 Ca カルシウム	21 Sc スカンジウム	22 Ti チタン	23 V バナジウム	24 Cr クロム	25 Mn マンガン	26 Fe 鉄
5周期	37 Rb ルビジウム	38 Sr ストロンチウム	39 Y イットリウム	40 Zr ジルコニウム	41 Nb ニオブ	42 Mo モリブデン	43 Tc テクネチウム	44 Ru ルテニウム
6周期	55 Cs セシウム	56 Ba バリウム	57-71	72 Hf ハフニウム	73 Ta タンタル	74 W タングステン	75 Re レニウム	76 Os オスミウム
7周期	87 Fr フランシウム	88 Ra ラジウム	89-103	104 Rf ラザホージウム	105 Db ドブニウム	106 Sg シーボーギウム	107 Bh ボーリウム	108 Hs ハッシウム

57 La ランタン	58 Ce セリウム	59 Pr プラセオジム	60 Nd ネオジム	61 Pm プロメチウム
89 Ac アクチニウム	90 Th トリウム	91 Pa プロトアクチニウム	92 U ウラン	93 Np ネプツニウム

周期表の見方

原《げん》子《し》番号《ばんごう》 — 11
元《げん》素《そ》記《き》号《ごう》 — Na
元《げん》素《そ》名《めい》 — ナトリウム

ふだんの状態: 固体 液体 気体 不明

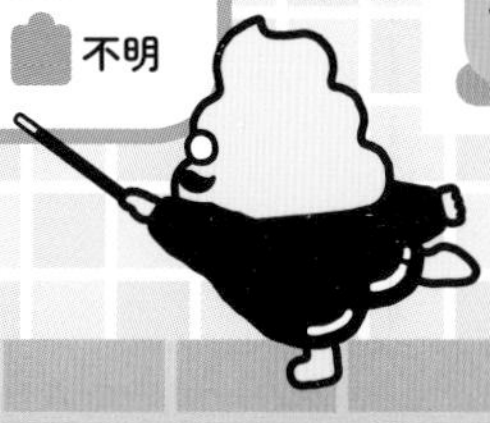

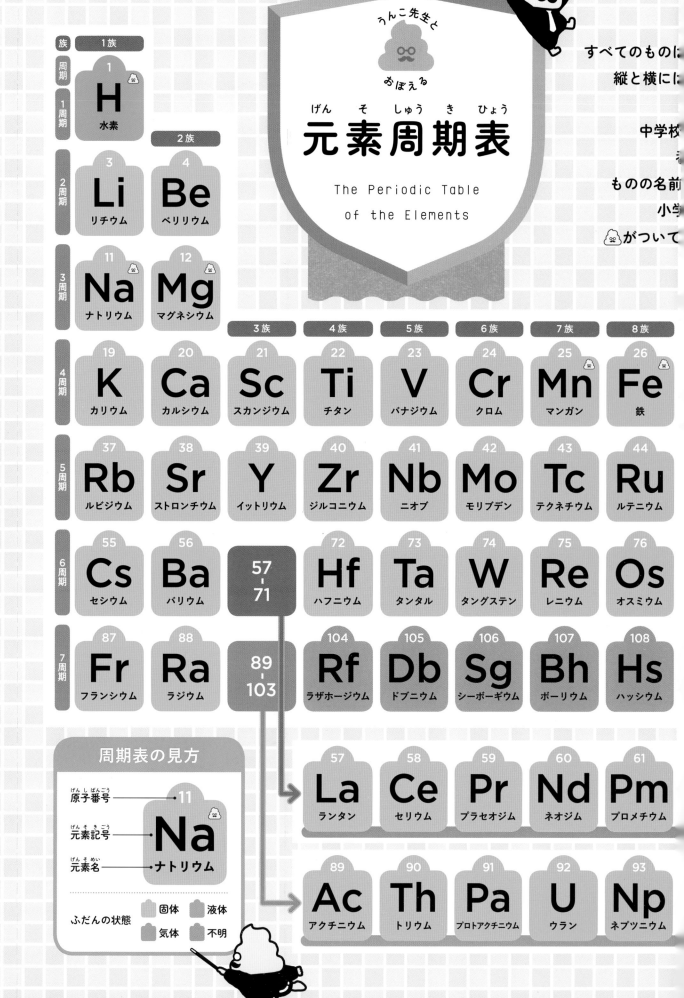

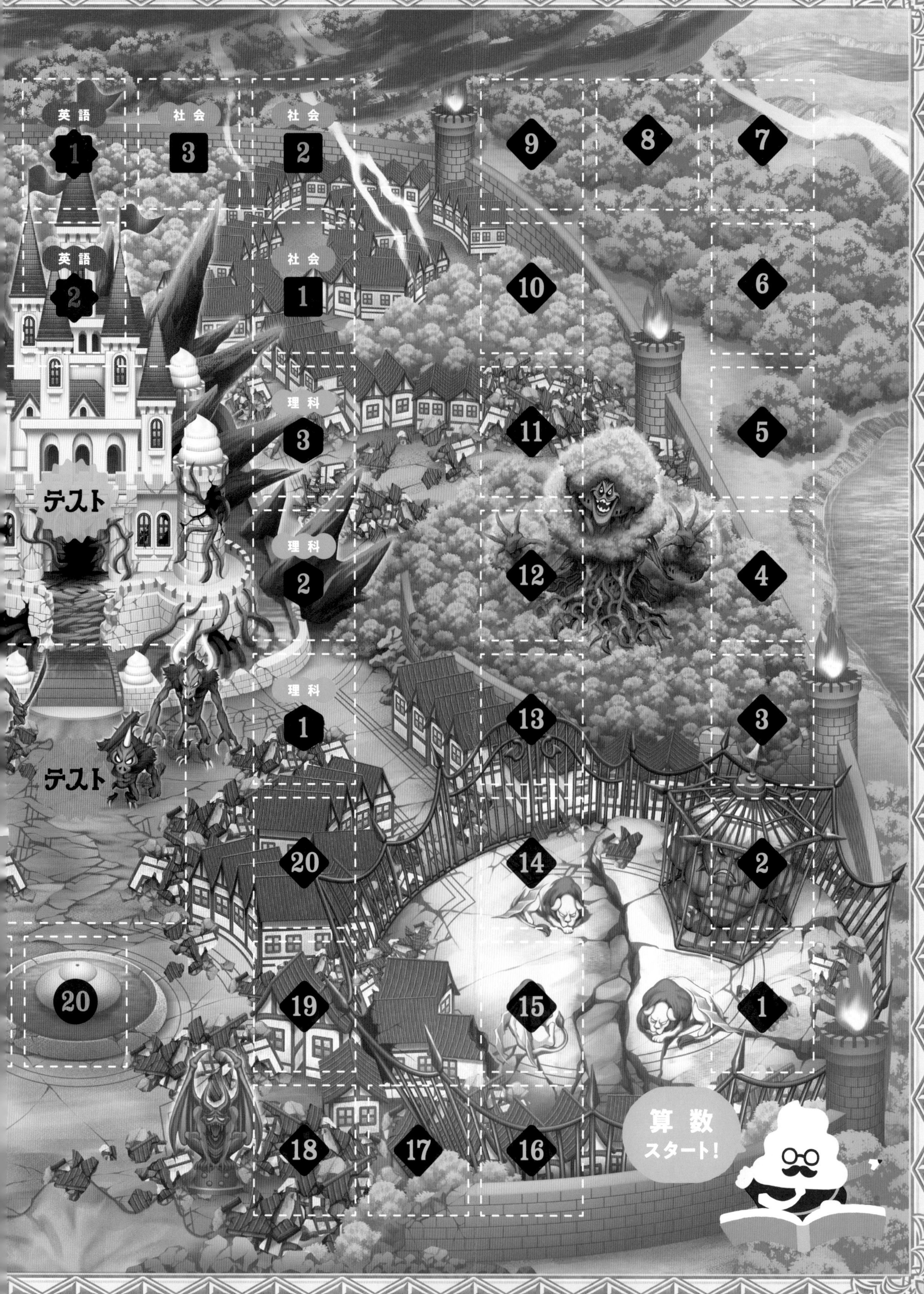
英語
1
社会
3
社会
2
9
8
7
英語
2
社会
1
10
6
理科
3
11
5
テスト
理科
2
12
4
理科
1
13
3
テスト
20
14
2
20
19
15
1
18
17
16
算数
スタート!

▶ 切りとって使おう。

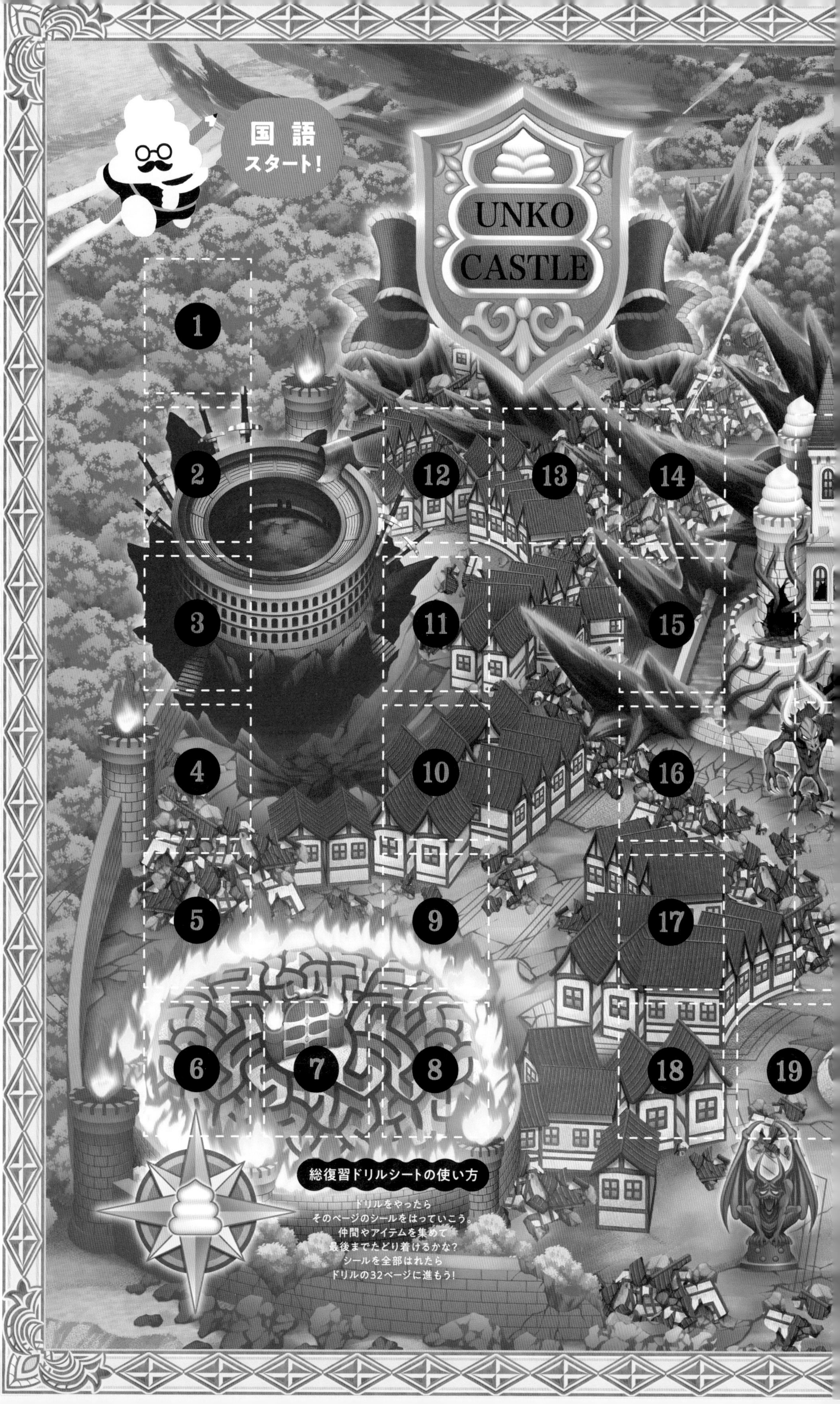
国語
スタート!
UNKO
CASTLE
1
2
3
4
5
6
7
8
9
10
11
12
13
14
15
16
17
18
19
総復習ドリルシートの使い方
ドリルをやったら
そのページのシールをはっていこう。
仲間やアイテムを集めて
最後までたどり着けるかな?
シールを全部はれたら
ドリルの32ページに進もう!

文字と式

1 次の場面で，xとyの関係を「～＝y」となるように式に表しましょう。

① 我《わ》が家のうんこ倉庫のゆか面積は，縦《たて》がxm，横が6mで$y\text{m}^2$あります。

｛　　　　　　　　｝

② $x$kgのうんこを0.4kgのリュックサックに入れると，全体の重さは$y$kgです。

｛　　　　　　　　｝

③ ポットに入っている熱湯2Lのうち，xLをうんこにかけた残りはyLです。

｛　　　　　　　　｝

④ x本のつまようじを8個のうんこに同じ数ずつさす場合，y本ずつになります。

｛　　　　　　　　｝

2 次の式で，xが表す数を求めましょう。

① $x-18=27$ ｛　　　　｝　② $x+0.4=1.2$ ｛　　　　｝

③ $x\div 6=24$ ｛　　　　｝　④ $x\times 8=112$ ｛　　　　｝

3

荷台に400kgまでのせられるトラックがあります。
1本65kgのドラム缶《かん》を4本と，巨大《きょだい》うんこを1個のせると，
ちょうど400kgになりました。
巨大うんこの重さは何kgですか。
巨大うんこの重さを$x$kgとして式に表して求めましょう。

式

答え ＿＿＿＿＿＿＿＿

ドリルを1ページやったら，総復習ドリルシートにそのページのシールをはろう！

小学6年生 うんこ総復習ドリル

算数・理科・社会・英語 目次

国語は反対側から始まるよ。

算数

理科

社会

英語

算数

6年生の勉強は しっかりと 身についておるかのう？
「うんこ総復習ドリル」の 世界を旅しながら， わしといっしょに 復習をしていくぞい！

2
算数

分数と整数のかけ算，わり算

学習日
月
日

1 学校のかべに見たこともないスイッチができていました。
1回おすと，かべの穴《あな》からうんこが$\frac{5}{12}$m出てきます。
このスイッチを4回おすと，出てくるうんこの長さは何mになりますか。

式

答え ＿＿＿＿＿＿＿＿

2 伝説の剣豪《けんごう》が，$\frac{9}{7}$kgのうんこを見事に6等分しました。
何kgずつに切り分けましたか。

式

答え ＿＿＿＿＿＿＿＿

3 計算をしましょう。

① $\frac{3}{11}\times 2$

② $\frac{1}{4}\times 5$

③ $\frac{1}{6}\times 2$

④ $\frac{5}{8}\times 4$

⑤ $1\frac{2}{9}\times 6$

⑥ $\frac{2}{7}\times 14$

4 計算をしましょう。

① $\frac{5}{7}\div 2$

② $\frac{1}{6}\div 3$

③ $\frac{8}{13}\div 4$

④ $\frac{9}{16}\div 6$

⑤ $3\frac{1}{3}\div 5$

⑥ $1\frac{3}{5}\div 12$

線対称《たいしょう》と点対称

1 下の図は，直線㋐㋑を対称《たいしょう》の軸《じく》とする線対称な形です。
次の問題に答えましょう。

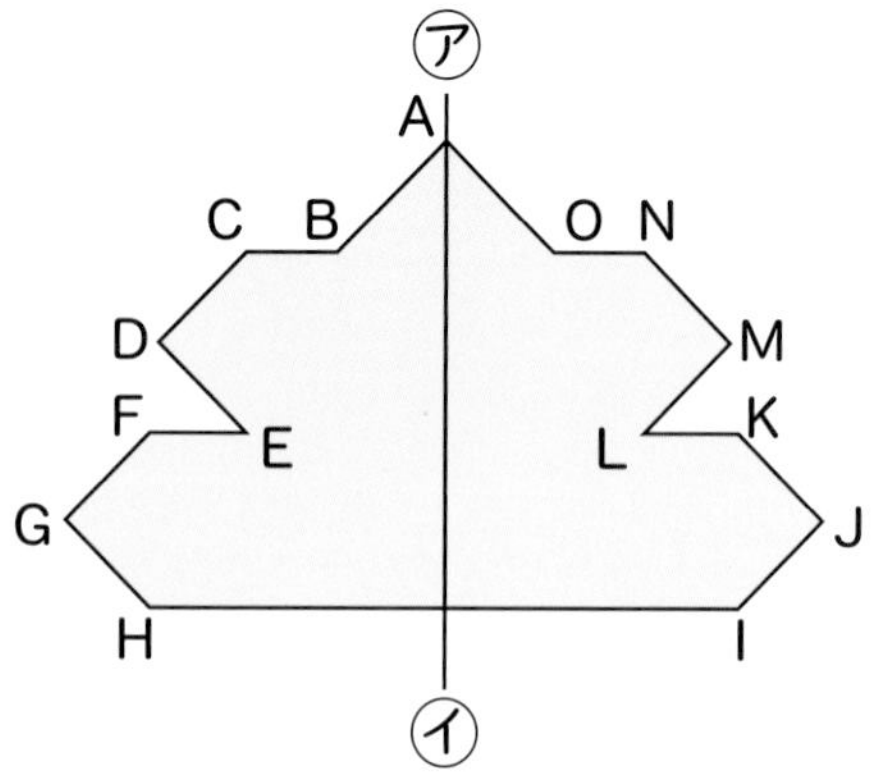

① 点Dに対応する点はどれですか。

② 辺ABに対応する辺はどれですか。

③ 角Fに対応する角はどれですか。

2 下の図は，点Oを対称の中心とする点対称な形です。
次の問題に答えましょう。

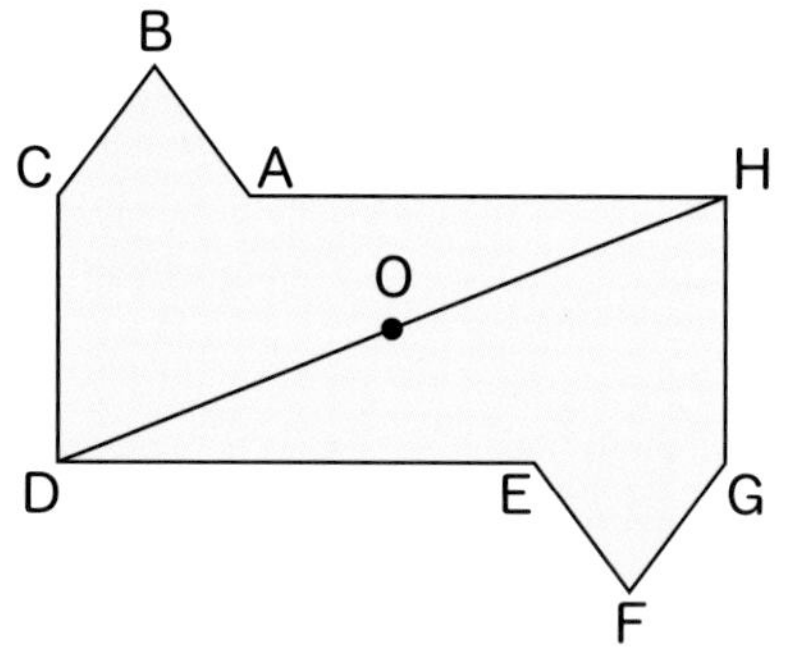

① 点Aに対応する点はどれですか。

② 辺DEに対応する辺はどれですか。

③ 角Cに対応する角はどれですか。

④ 直線DOの長さが5cmのとき，直線HOの長さは何cmですか。

3 下の図形について，次の問題に記号で答えましょう。

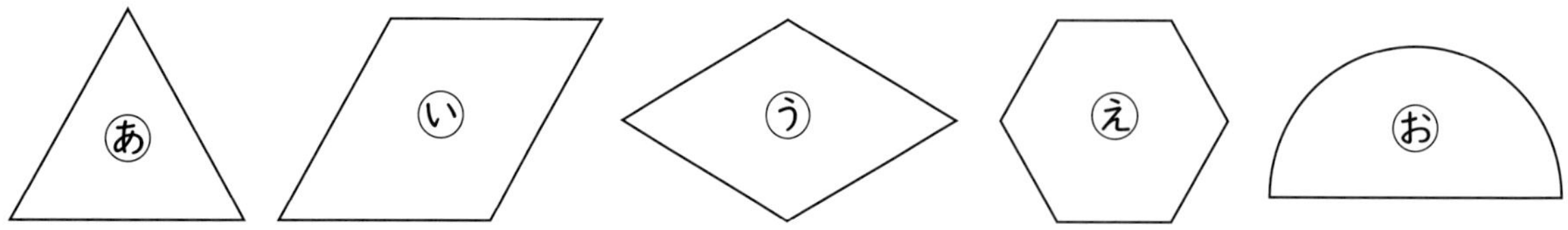

正三角形　平行四辺形　ひし形　正六角形　半円

① 線対称な図形をすべて選びましょう。

② 点対称な図形をすべて選びましょう。

③ 対称の軸が最も多い図形はどれですか。

4
算数

分数のかけ算

学習日
…………月
…………日

1

「うんこフリーザー」は，うんこをこおらせてしまうすごい薬です。

「うんこフリーザー」1dLでうんこ$\frac{3}{5}$kgをこおらせます。

$\frac{2}{3}$dLで，何kgのうんこをこおらせることができますか。

式

答え ____________________

2

うんこをほり出しています。

地面1m²につき$\frac{12}{11}$kgのうんこが出てきます。

$5\frac{1}{2}$m²の地面から出てくるうんこの総重量は何kgになりますか。

式

答え ____________________

3 計算をしましょう。

① $\frac{1}{2}\times\frac{3}{5}$　② $\frac{2}{3}\times\frac{4}{7}$　③ $\frac{4}{9}\times\frac{1}{4}$

④ $\frac{5}{12}\times\frac{4}{5}$　⑤ $\frac{5}{6}\times\frac{4}{15}$　⑥ $\frac{7}{16}\times\frac{8}{21}$

⑦ $1\frac{1}{4}\times\frac{5}{6}$　⑧ $\frac{3}{8}\times2\frac{1}{6}$　⑨ $2\frac{6}{7}\times1\frac{2}{5}$

4 次の数の逆数を書きましょう。

① $\frac{2}{5}$ {　　　}　② $\frac{6}{11}$ {　　　}　③ $\frac{1}{8}$ {　　　}　④ $1\frac{3}{4}$ {　　　}

分数のわり算

学習日 …………月 …………日

1 「うんこニョキニョキ」は，うんこにかけると，
うんこがのびるすごい薬です。

「うんこニョキニョキ」を$\frac{2}{5}$Lかけると，$\frac{4}{9}$mのびます。

「うんこニョキニョキ」を1Lかけると何mのびますか。

式

答え ＿＿＿＿＿＿＿＿

2 卒業の前に，みんなで大きな布にうんこの絵を寄せ書きしました。
布の面積は$2\frac{1}{4}$m²で，横の長さは$4\frac{1}{2}$mです。縦《たて》の長さは何mですか。

式

答え ＿＿＿＿＿＿＿＿

3 計算をしましょう。

① $\frac{1}{7}\div\frac{1}{4}$　② $\frac{3}{8}\div\frac{2}{5}$　③ $\frac{4}{9}\div\frac{4}{5}$

④ $\frac{7}{12}\div\frac{1}{6}$　⑤ $\frac{3}{10}\div\frac{9}{10}$　⑥ $\frac{8}{21}\div\frac{4}{9}$

⑦ $1\frac{7}{10}\div\frac{1}{3}$　⑧ $\frac{5}{6}\div2\frac{3}{4}$　⑨ $1\frac{2}{3}\div2\frac{2}{9}$

4 計算をしましょう。

① $\frac{1}{3}\times\frac{3}{8}\div\frac{3}{4}$　② $\frac{5}{6}\div\frac{5}{12}\div\frac{4}{9}$

分数の計算

学習日
…………月
…………日

1 持っているうんこを全部オークションに出すと1280円で売れました。
そのお金の$\frac{5}{8}$を使って，本を買いました。
本の値《ね》段《だん》は何円でしたか。

式

答え ＿＿＿＿＿＿＿＿

2 ふつうのガンマンは，420mはなれたところにあるうんこをうつことができます。
これは伝説のガンマンがうてるきょりの$\frac{3}{10}$倍だそうです。
伝説のガンマンは何mはなれたところのうんこをうつことができますか。

式

答え ＿＿＿＿＿＿＿＿

3 計算をしましょう。

① $4\times\frac{2}{3}$

② $7\times\frac{6}{35}$

③ $5\div\frac{7}{10}$

④ $160\times\frac{3}{4}$

⑤ $6\div\frac{4}{9}$

⑥ $2000\div\frac{5}{6}$

⑦ $0.5\times\frac{6}{7}$

⑧ $4\frac{1}{2}\div0.3$

⑨ $8\frac{1}{3}\times0.45$

4 計算をしましょう。

① $2\times\frac{5}{8}\times0.4$

② $0.2\div\frac{7}{20}\times21$

円の面積

学習日
…………月
…………日

円周率を 3.14 として問題に答えましょう。

1 次の円の面積を求めましょう。

①
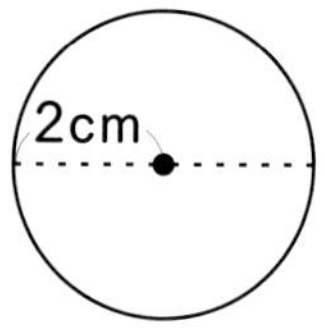

式

答え ____________

②
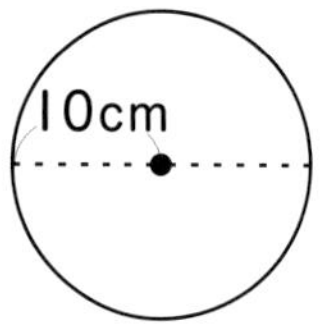

式

答え ____________

③
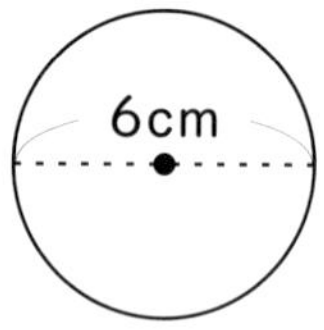

式

答え ____________

2 次のような形の面積を求めましょう。

①
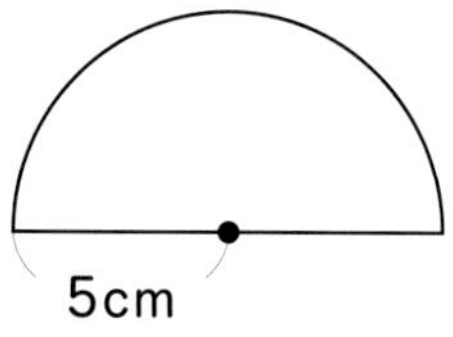

式

答え ____________

②
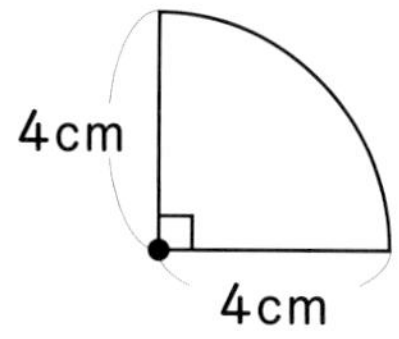

式

答え ____________

3 色をぬった部分の面積を求めましょう。

①
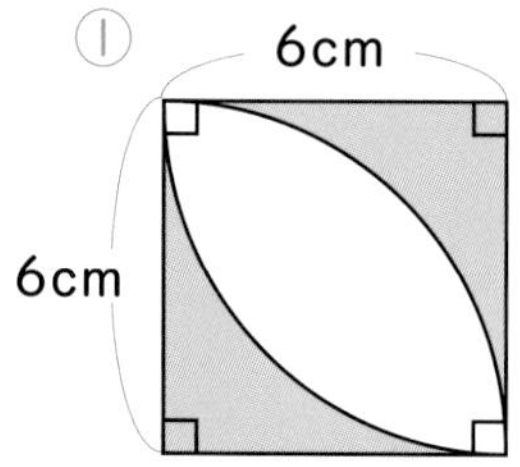

式

答え ____________

②
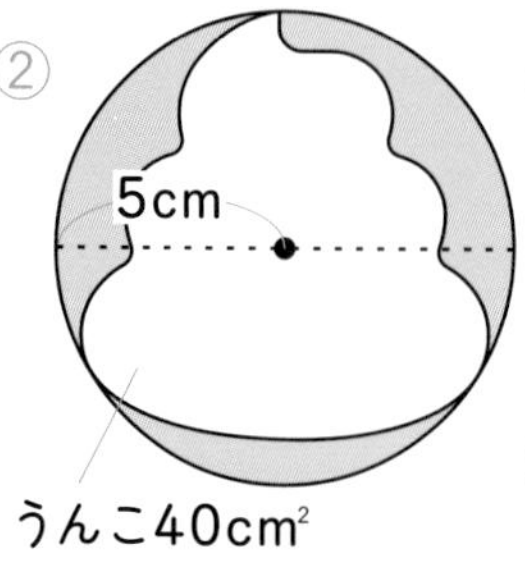

式

答え ____________

4 次のうんこ図形の面積を求めましょう。

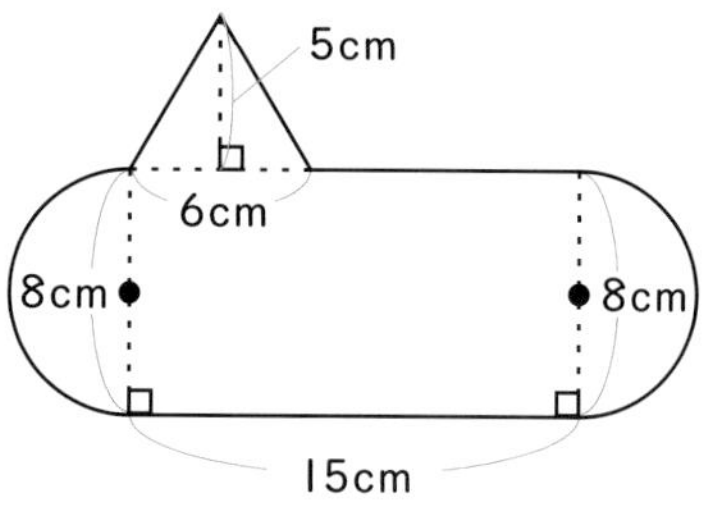

式

答え ____________

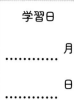

8 算数

比例と反比例 ①

学習日　……月　……日

1 うんこを庭に置いておいたらどんどんふくらみ始めました。下の表は，観察を始めてからの時間と，うんこの高さの関係を表したものです。次の問題に答えましょう。

時間　x（分）	1	2	3	4	5	6
高さ　y（m）	1.5					

① xとyは比例しています。表のあいているところに数を書きましょう。

② xとyの関係を式に表しましょう。｛　　　｝

③ xとyの関係を右のグラフに表しましょう。

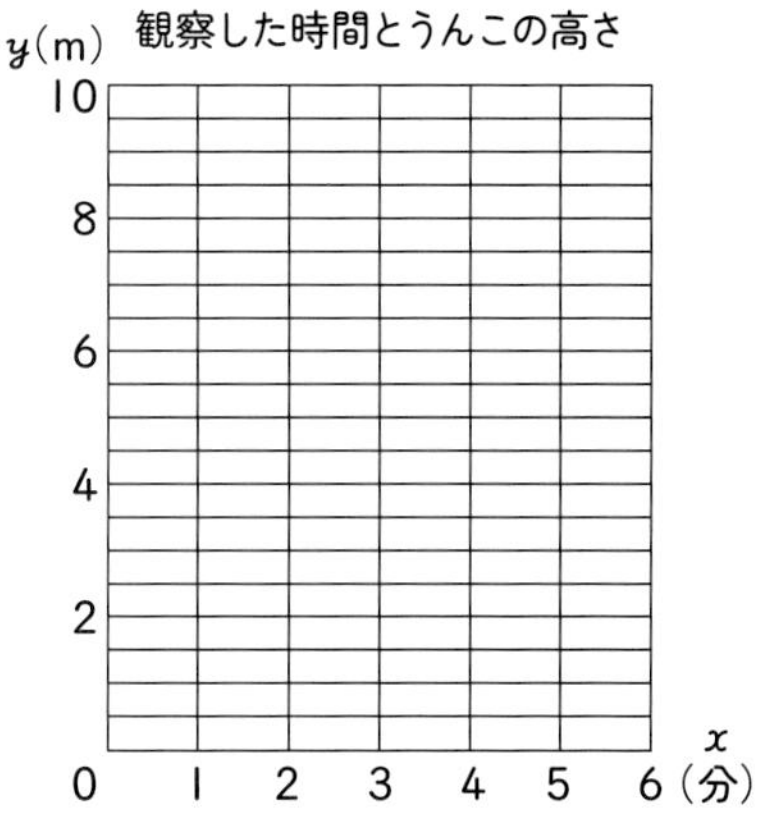

④ 12分では，うんこの高さは何mになりますか。｛　　　｝

2 2つの量が比例していれば○，比例していなければ×を書きましょう。

① ｛　　　｝ 底辺が4cmの平行四辺形の高さ$x$cmと面積$y$cm²

② ｛　　　｝ 伝説の剣豪《けんごう》の年れいx歳《さい》と，伝説のガンマンの年れいy歳

③ ｛　　　｝ うんこ型バケツに1分間に3Lずつ水を入れたときの時間x分と水の量yL

3 下のグラフは，うんこショップでのうんこの重さxgと値段《ねだん》y円の関係を表したものです。次の問題に答えましょう。

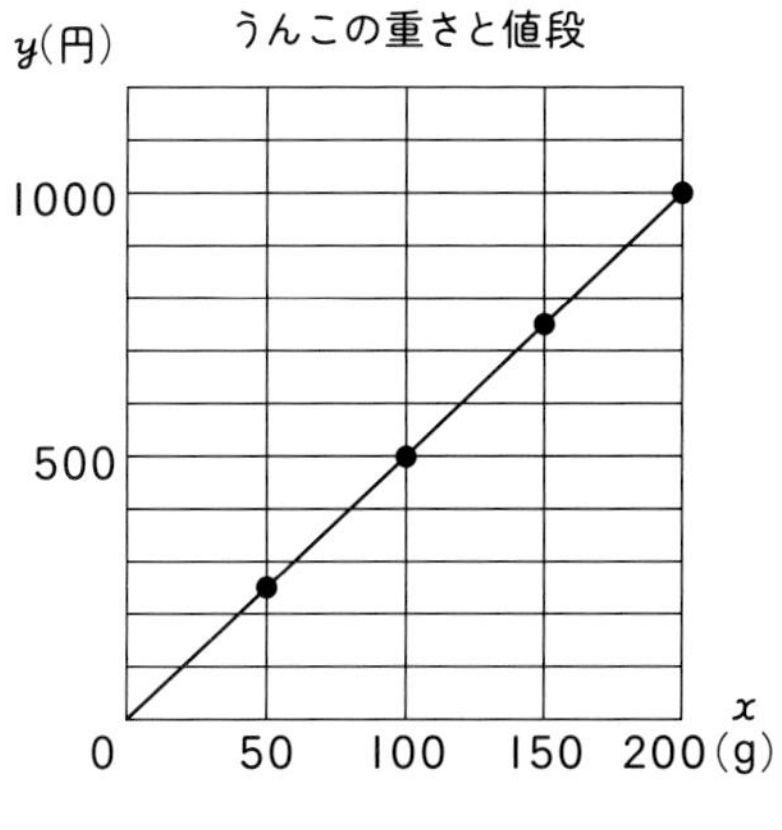

① 200gのうんこは何円ですか。｛　　　｝

② xとyの関係を式に表しましょう。｛　　　｝

③ 1500円では，何gのうんこが買えますか。｛　　　｝

比例と反比例 ❷

1

下の表は，3600Lのうんこプールにうんこを入れるときの，1分間に入れる量といっぱいになるまでにかかる時間の関係を表したものです。次の問題に答えましょう。

うんこの量　x（L）	1	2	3	4	5	6
時間　　y（分）	3600					

① xとyは反比例しています。表のあいているところに数を書きましょう。

② xとyの関係を式に表しましょう。（　　　　　　　　）

③ xとyの関係を右のグラフに表しましょう。

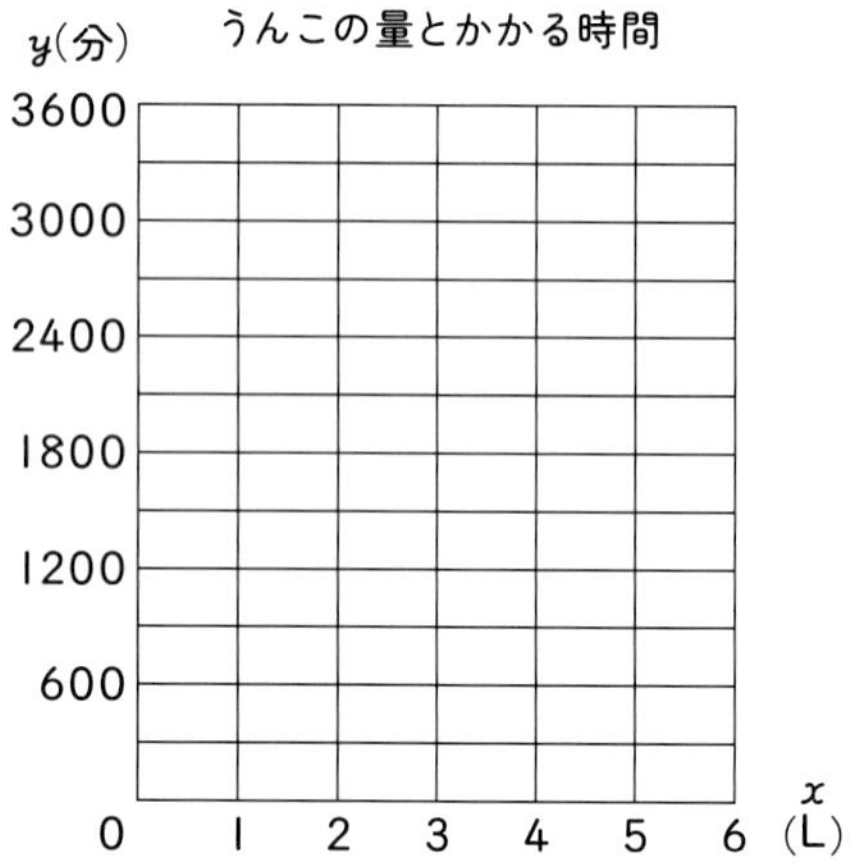

④ 1分間に9Lずつ入れると何分でいっぱいになりますか。

（　　　　　　　　）

⑤ 20分でいっぱいにするには，1分間に何Lずつ入れればよいですか。

（　　　　　　　　）

2

下のグラフは，教室に落ちている100個のうんこを片《かた》づけるときの，1分間に片づける個数x個と，かかる時間y分の関係を表したものです。次の問題に答えましょう。

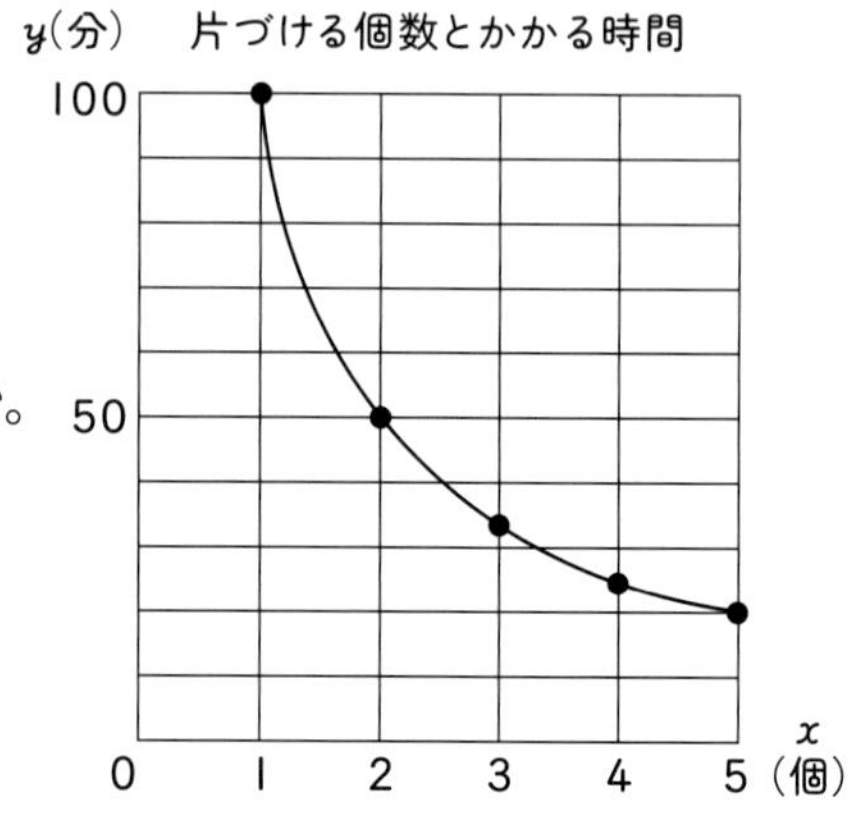

① xとyの関係を式に表しましょう。

（　　　　　　　　）

② 1分間に4個ずつ片づけるとき，かかる時間は何分ですか。

（　　　　　　　　）

③ 10分以内に100個片づけるには，1分間に何個以上片づければよいですか。

（　　　　　　　　）以上

拡《かく》大図と縮《しゅく》図

学習日 …………月 …………日

1 下の四角形AEFGは，四角形ABCDの拡《かく》大図です。
次の問題に答えましょう。

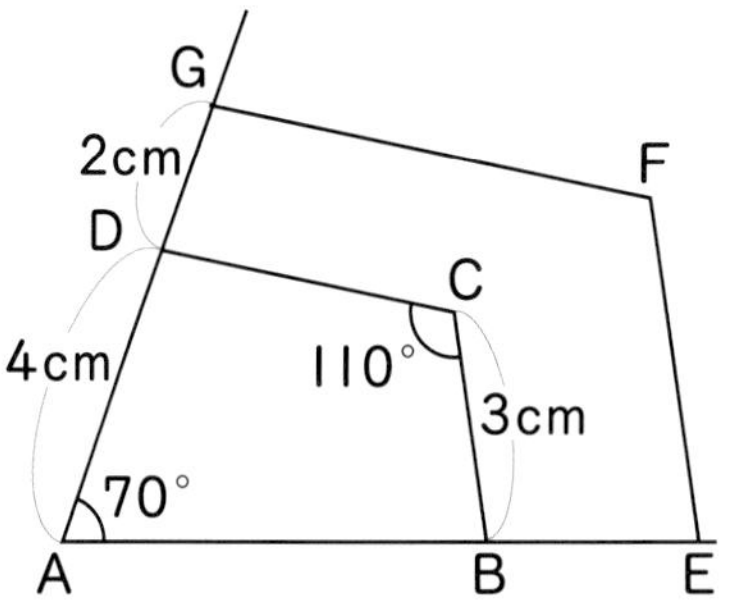

① 辺ADに対応する辺はどれですか。 { }

② 何倍の拡大図ですか。 { }

③ 角Fの大きさと辺EFの長さを求めましょう。

角F { } 辺EF { }

2 分度器と定規を使って，下の三角形ABCの$\frac{1}{2}$の縮《しゅく》図をかきましょう。

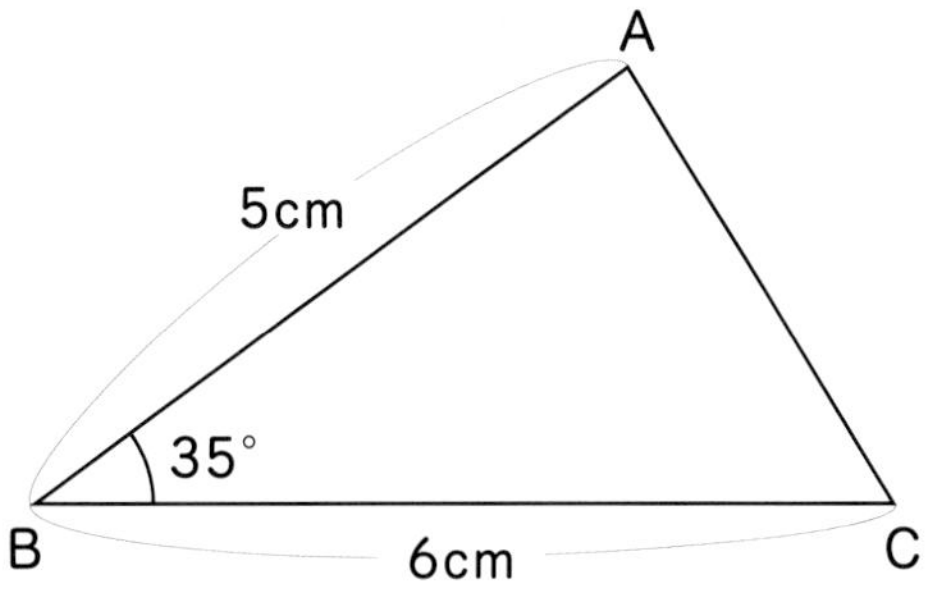

3 うんこタワーの高さをはかるため，右のような$\frac{1}{50}$の縮図をかきました。
うんこタワーの高さは何mですか。

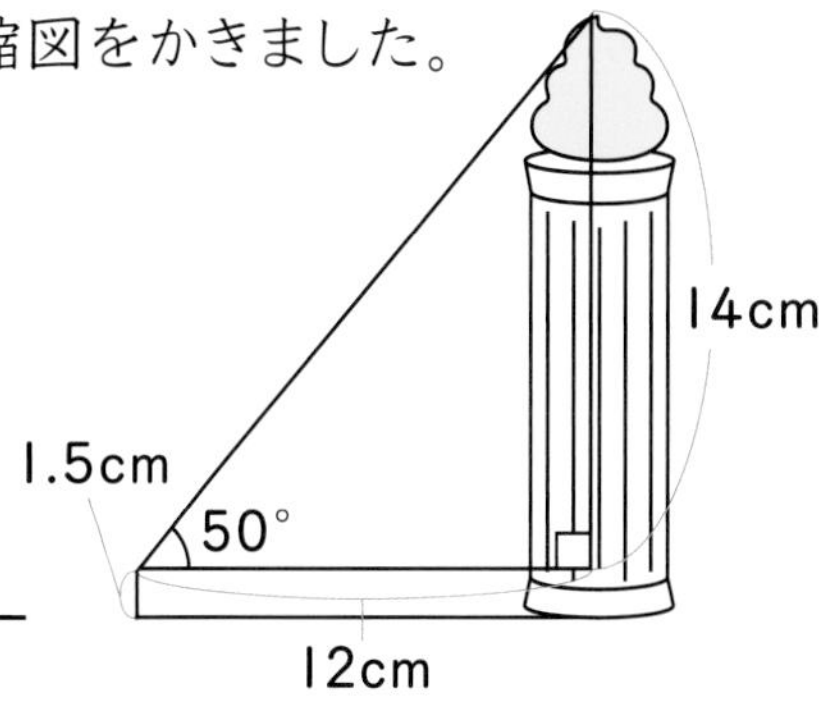

式

答え ＿＿＿＿＿＿＿＿

4 学校のしき地を$\frac{1}{2000}$の縮図でかいています。図の中に横の長さが58mのうんこプールをかきます。縮図では何cmになりますか。

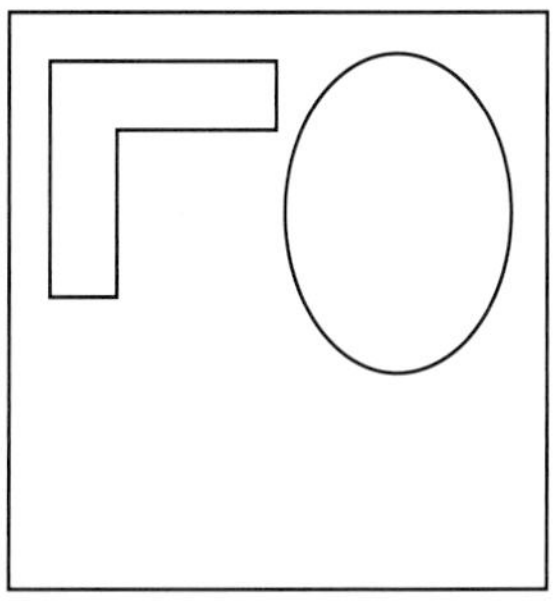

式

答え ＿＿＿＿＿＿＿＿

比❶

学習日　……月　……日

1 次の2つの量の比を書きましょう。

① 7個と5個のうんこの個数の比　（　　　　）

② 26kgと37kgのうんこの重さの比　（　　　　）

2 4：3と等しい比すべてに○をつけましょう。

（　　）8：6　（　　）12：16　（　　）20：15

（　　）16：14　（　　）200：120　（　　）120：90

3 □にあてはまる数を書きましょう。

① 6：5＝12：□　② 3：2＝□：6　③ 2：7＝□：70

④ 20：24＝10：□　⑤ 36：18＝□：3　⑥ 48：36＝12：□

4 次の比を簡《かん》単にしましょう。

① 4：16　（　　　　）　② 12：8　（　　　　）

③ 48：64　（　　　　）　④ 2500：125　（　　　　）

⑤ 0.6：1.2　（　　　　）　⑥ $\frac{1}{6}:\frac{3}{4}$　（　　　　）

12
算数

比❷

学習日
月
日

1 たつきくんとお父《とう》さんが去年うんこをもらした回数の比は2：3です。
たつきくんは34回です。
たつきくんのお父さんが去年うんこをもらした回数は何回ですか。

答え ＿＿＿＿＿＿＿＿

2 A町とB町に落ちているうんこの数を調べたところ，落ちていた数の比は2：9で，
B町に落ちていたうんこの数は306個でした。
A町に落ちていたうんこの数は何個ですか。

答え ＿＿＿＿＿＿＿＿

3 長さ120mのうんこを，赤と白の割合《わりあい》が1：7になるようにぬり分けたいと思います。
白の部分は何mぬればよいですか。

答え ＿＿＿＿＿＿＿＿

4 伝説のまほう使いが，3500個の石を，
うんこと星くずに変えました。
うんこになった石と星くずになった石の数の比は
4：3でした。
うんこになった石は何個ですか。

答え ＿＿＿＿＿＿＿＿

5 **比の値《あたい》を求めましょう。**

① 1：6 {　　　}　② 6：22 {　　　}　③ 18：9 {　　　}

13
算数

立体の体積

学習日 ……月 ……日

円周率を 3.14 として問題に答えましょう。

1 次の角柱や円柱の体積を求めましょう。

①

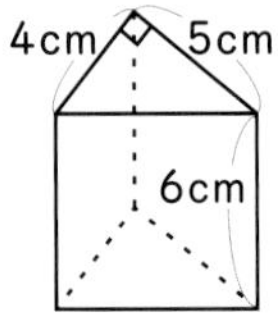

式

答え ＿＿＿＿＿＿

②

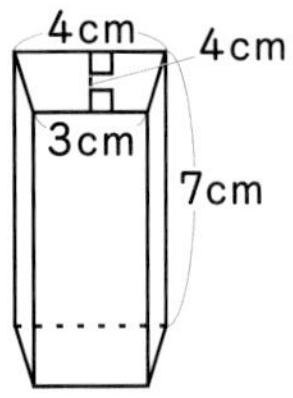

式

答え ＿＿＿＿＿＿

③

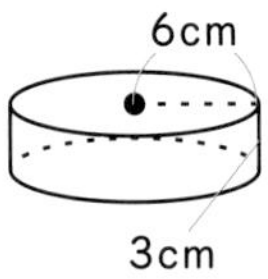

式

答え ＿＿＿＿＿＿

④

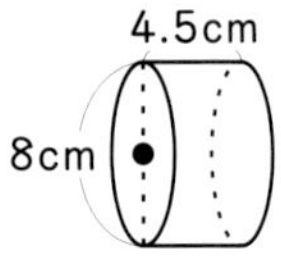

式

答え ＿＿＿＿＿＿

2 次の展《てん》開図を組み立ててできる立体の体積を求めましょう。

①

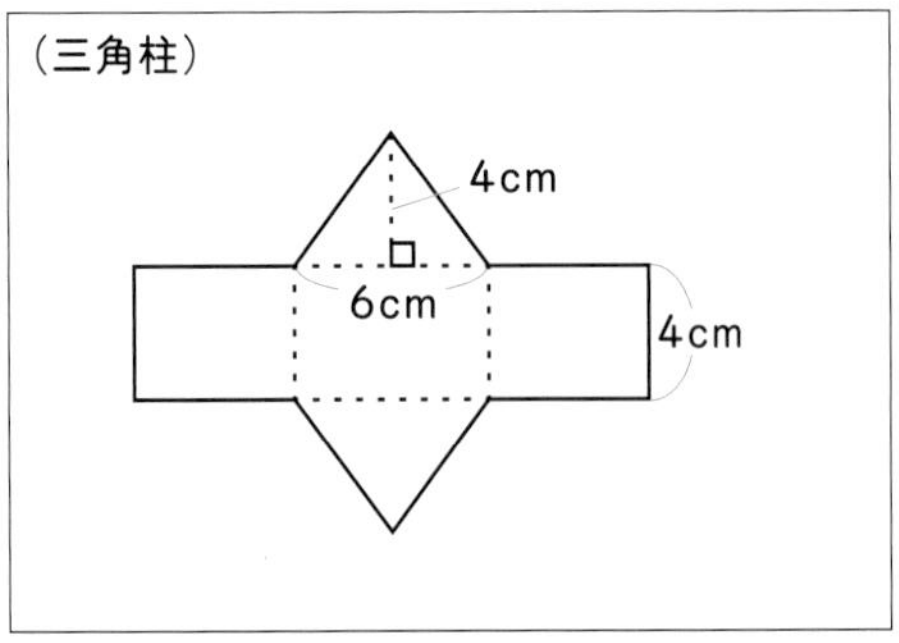

式

答え ＿＿＿＿＿＿

②

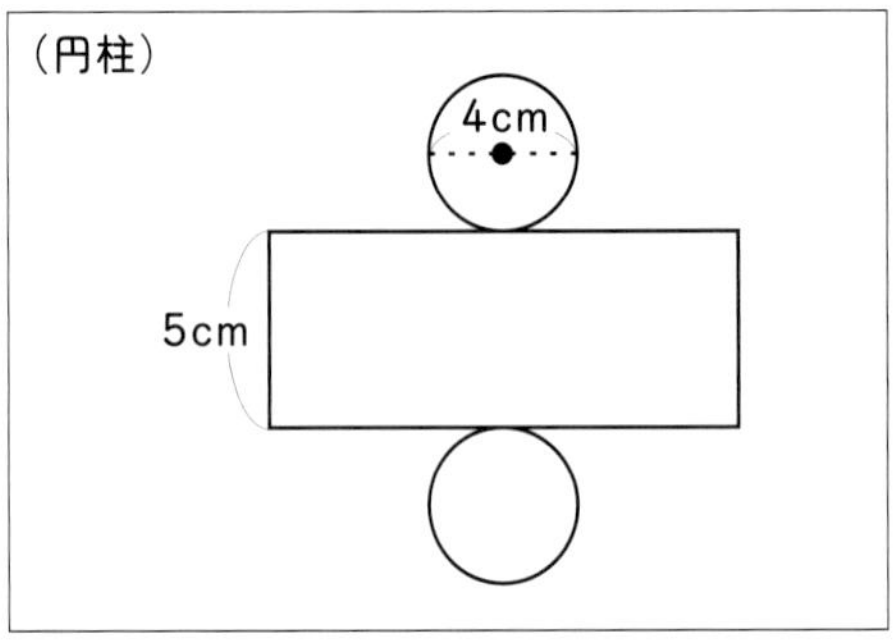

式

答え ＿＿＿＿＿＿

3 円柱の中に，うんこが通せるように直径10cmの穴《あな》をあけました。穴があいていない部分の体積は何cm^3ですか。

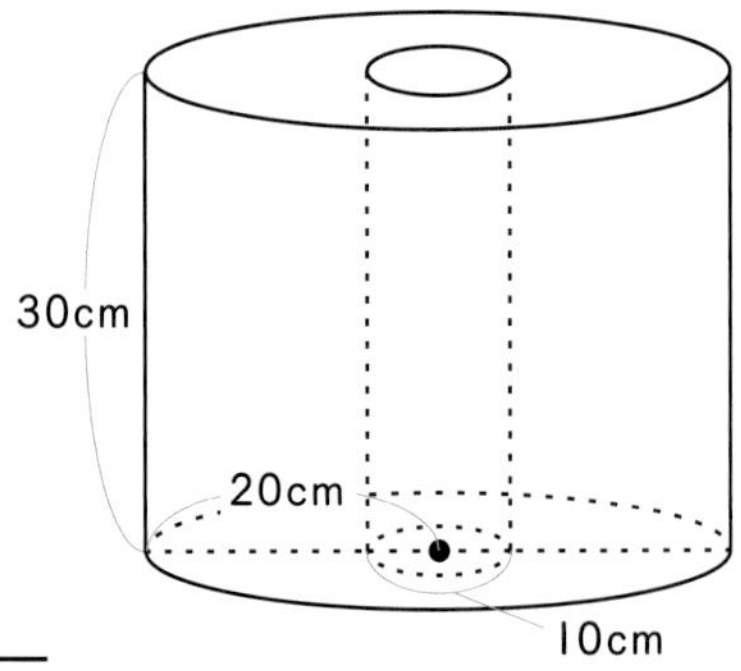

式

答え ＿＿＿＿＿＿

およその面積，体積

学習日
月
日

1 うんこのおよその面積を求めましょう。

①

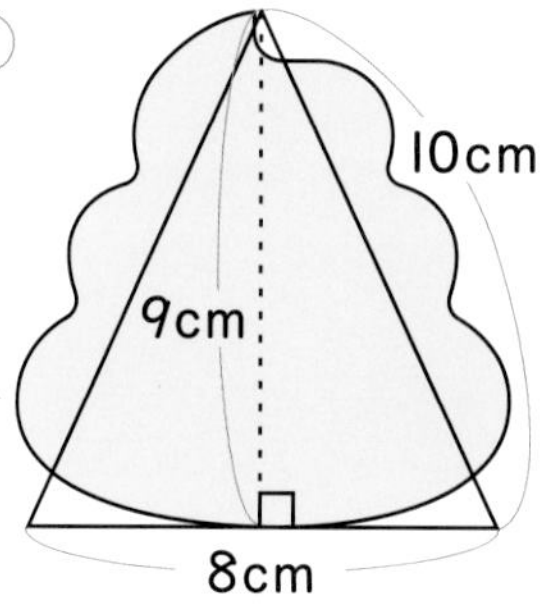

式

答え 約

②

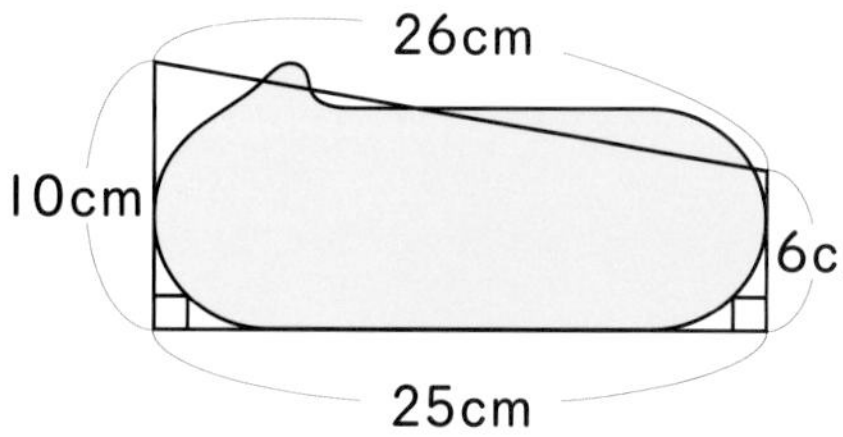

式

答え 約

2 円周率を3.14として，およその体積を求めましょう。

①（直方体）

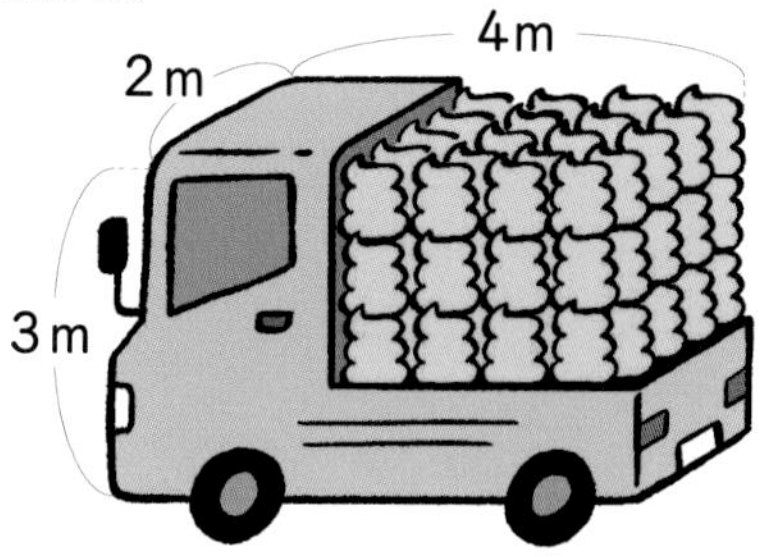

式

答え 約

②（円柱）

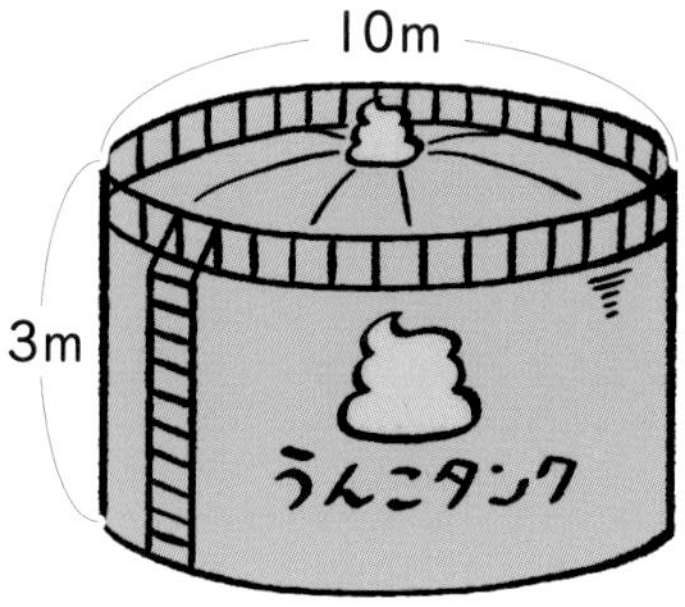

式

答え 約

3 下のとりでのおよその面積は約何haですか。台形と考えて求めましょう。

式

答え 約

場合の数❶

1 けんすけくん，こういちくん，はやとくん，たけしくんの4人が，1人《ひとり》1回ずつ順番にうんこをします。次の問題に答えましょう。

① 4人をⓚけ，ⓚこ，ⓚは，ⓚたとして，けんすけくん（ⓚけ）が最初だった場合の，うんこをする順序を表した右の図の □ に入る記号を書きましょう。

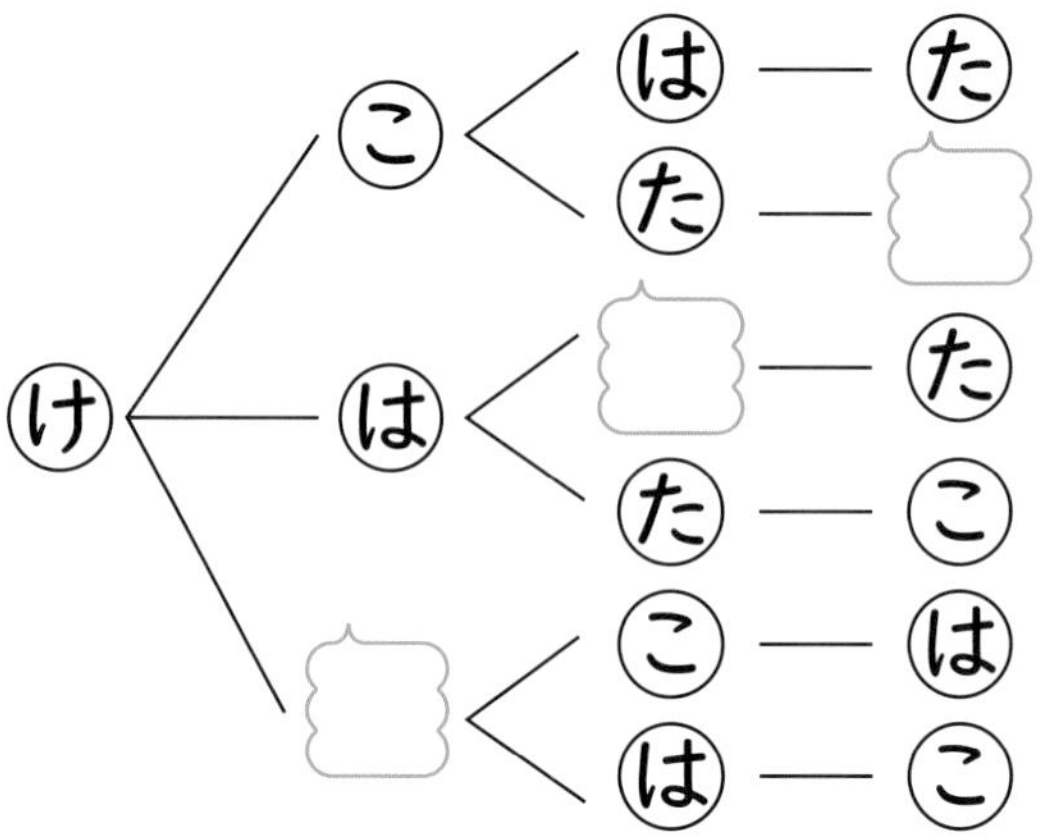

② 4人がうんこをする順序は，全部で何通りありますか。

答え ________________

2 U,N,K,Oの4枚《まい》のカードのうち2枚を選んで並《なら》べ，アルファベット2文字の組み合わせを作ります。次の問題に答えましょう。

① できる並べ方の組み合わせをすべて書きましょう。

{ }

② アルファベット2文字の並べ方は，全部で何通りできますか。

答え ________________

3 ふつうのおっさんがメダルを投げています。
メダルの表には王冠《おうかん》，裏《うら》にはうんこの絵がかかれています。
3回続けて投げたとき，王冠とうんこの出方は，全部で何通りありますか。

答え ________________

場合の数②

1

中澤《なかざわ》先生，山本《やまもと》先生，高橋《たかはし》先生，塚越《つかこし》先生の4人がうんこの棒《ぼう》で剣道《けんどう》の試合をします。次の問題に答えましょう。

① 4人の先生を(な)，(や)，(た)，(つ)として，「(な)—(や)」のように試合の組み合わせをすべて書きましょう。

｛ (な)—(や)， ｝

② 試合の組み合わせは，全部で何通りありますか。

答え ＿＿＿＿＿＿＿＿

2

うんこにはるシールと，うんこにつけるリボンがあります。シールは水玉，ハートがら，チェックがら，花がらの4種類，リボンはピンク色，オレンジ色，黄緑色の3種類です。1個のうんこにつきシール1種類とリボン1種類を選ぶ場合，その組み合わせは全部で何通りありますか。

答え ＿＿＿＿＿＿＿＿

3

1g，2g，4g，8gの4種類のうんこが1個ずつあります。次の問題に答えましょう。

① 2個を組み合わせてできる重さを全部書きましょう。

｛ ｝

② 3個を組み合わせてできる重さを全部書きましょう。

｛ ｝

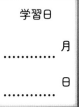

資料の調べ方 1

学習日　　月　　日

1 下の表は，6年1組の児童24人のうんこ投げの記録です。次の問題に答えましょう。

番号	きょり（m）	番号	きょり（m）	番号	きょり（m）	番号	きょり（m）
1	18	7	27	13	24	19	38
2	25	8	23	14	38	20	34
3	27	9	32	15	22	21	31
4	20	10	17	16	27	22	24
5	43	11	39	17	29	23	20
6	30	12	29	18	26	24	29

① 記録の最小値《ち》，最大値は何mですか。

最小値〔　　〕　最大値〔　　〕

② 記録の平均値は何mですか。
電卓《でんたく》を使って求めましょう。

〔　　〕

③ 記録を右の表にまとめましょう。

うんこ投げの記録

きょり（m）	人数（人）
15以上～20未満	
20以上～25未満	
25以上～30未満	
30以上～35未満	
35以上～40未満	
40以上～45未満	
合計	

④ 記録が30m未満の人は何人ですか。

〔　　〕

⑤ 20m以上25m未満の人数は，全体の何%ですか。

〔　　〕

⑥ はやとくんは，記録がよい方から7番目でした。
はやとくんの記録は，表の何m以上何m未満の階級にありますか。

〔　　〕

⑦ ちらばりの様子を，右の方眼を使ってヒストグラム（柱状グラフ）に表しましょう。

うんこ投げの記録

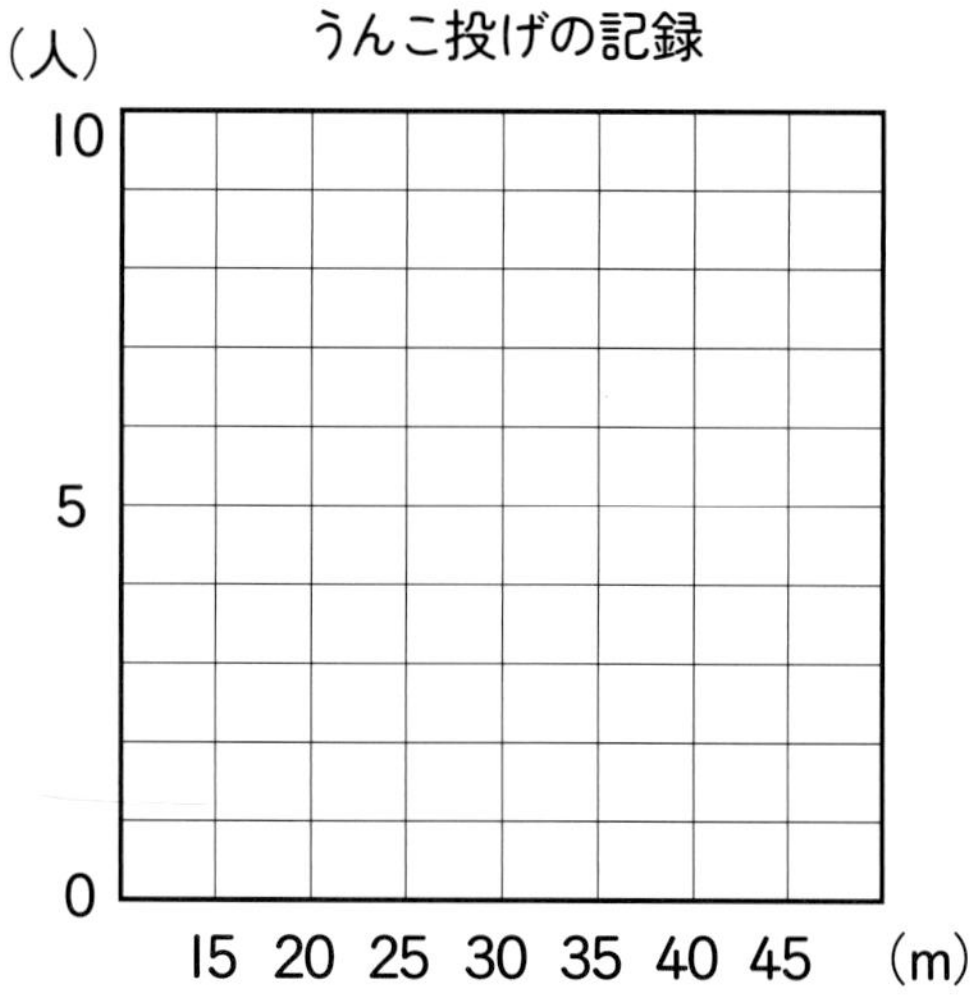

資料の調べ方 ❷

学習日
…………月
…………日

1 下のグラフは，クラスの児童全員の持っているうんこまん画の冊数《さっ》をヒストグラム（柱状グラフ）に表したものです。次の問題に答えましょう。

① クラスの人数は何人ですか。

{　　　}

② 人数が最も多い階級は，
何冊以上何冊未満ですか。

{　　　}

③ うんこまん画の冊数の中央値は，
何冊以上何冊未満の階級にありますか。

{　　　}

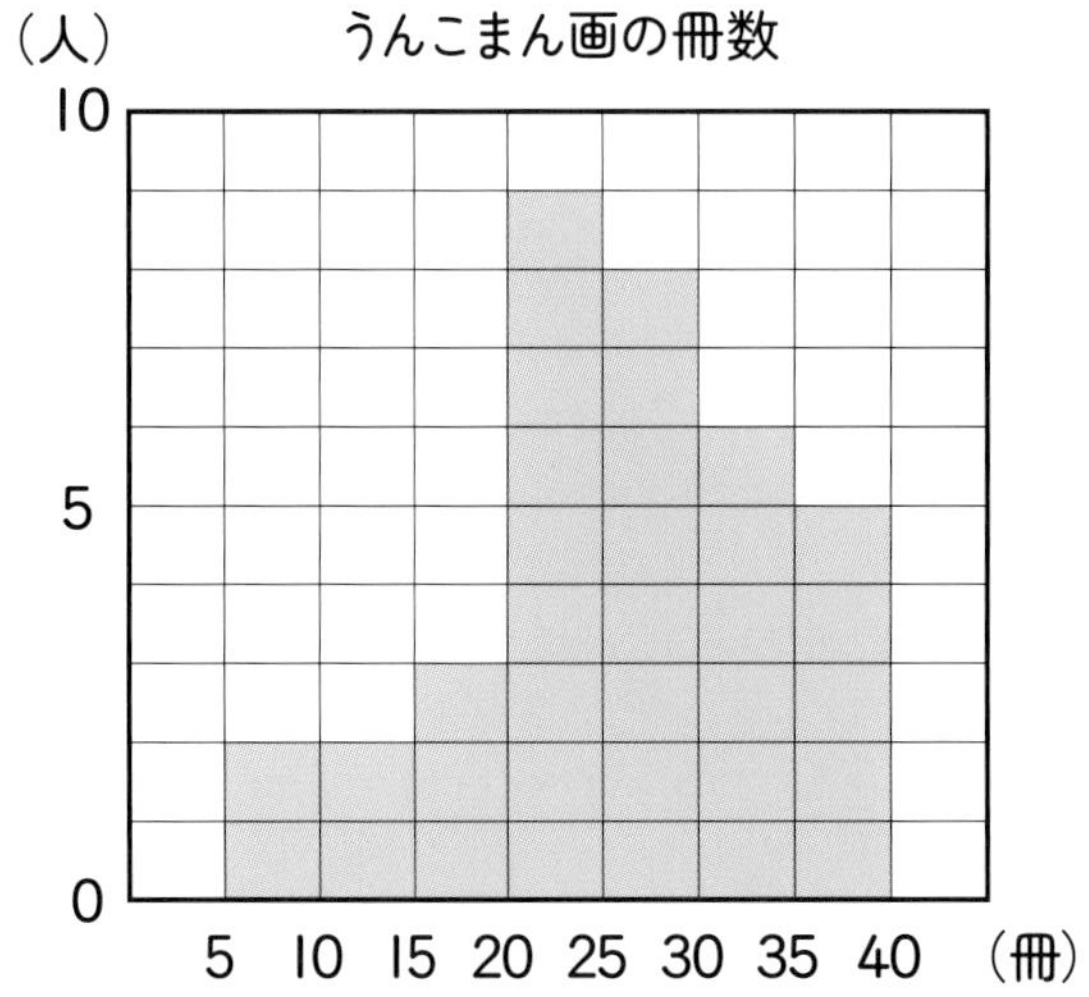

2 下のグラフは「最後にうんこをもらしたのは何日前ですか？」という質問に対する子供《ども》と大人《おとな》の答えをまとめたものです。次の問題に答えましょう。

① 最後にうんこをもらしたのが30日以上前という子供は，子供全体の何％ですか。

{　　　}

② 最後にうんこをもらしたのが0～9日前という大人は，大人全体の何％ですか。

{　　　}

③ 子供は2000人，大人は1000人に質問しました。割合《わりあい》が最も多い階級の人数は，それぞれ何人ですか。

●子供{　　　}　●大人{　　　}

最後にうんこをもらしたのは何日前？

子供		大人
8	0～4日前	15
10	5 ～ 9	20
15	10～14	15
12	15～19	5
10	20～24	5
12	25～29	5
18	30～34	5
15	35～	30
%		%

19
算数

計算のまとめ

学習日
月
日

1 計算をしましょう。⑫は，わりきれるまで計算しましょう。

① $\begin{array}{r} 596 \\ +\,872 \\ \hline \end{array}$
② $\begin{array}{r} 731 \\ -\,548 \\ \hline \end{array}$
③ $\begin{array}{r} 8304 \\ +\,1938 \\ \hline \end{array}$
④ $\begin{array}{r} 4203 \\ -\,1457 \\ \hline \end{array}$

⑤ $\begin{array}{r} 46 \\ \times\,83 \\ \hline \end{array}$
⑥ $\begin{array}{r} 739 \\ \times\quad 56 \\ \hline \end{array}$
⑦ $29\overline{)551}$
⑧ $37\overline{)1480}$

⑨ $\begin{array}{r} 3.26 \\ +\,1.84 \\ \hline \end{array}$
⑩ $\begin{array}{r} 6.025 \\ -\,2.38 \\ \hline \end{array}$
⑪ $\begin{array}{r} 9.6 \\ \times\,2.4 \\ \hline \end{array}$
⑫ $3.2\overline{)1.76}$

⑬ $\frac{1}{9}+\frac{2}{9}$
⑭ $\frac{1}{6}+\frac{1}{8}$
⑮ $\frac{2}{5}+\frac{3}{4}$

⑯ $\frac{3}{4}-\frac{1}{4}$
⑰ $\frac{8}{15}-\frac{5}{12}$
⑱ $\frac{5}{2}-\frac{7}{6}$

2 □に＋，－，×，÷のどれかを入れて，計算を完成させましょう。

① 3 □ 3 □ 3＝4
② 8 □ 6 □ 4 □ 2＝5

いろいろな問題

1 70円の鉛筆《えんぴつ》と120円のボールペンを合わせて15本買い，全部うんこにつきさしました。買い物の合計額は1500円でした。次の問題に答えましょう。

① 表のあいているところにあてはまる数を書きましょう。

鉛筆　（本）	1	2	3	4	5
ボールペン（本）	14	13	12	11	10
合計額　（円）					

② 鉛筆とボールペンは，それぞれ何本ずつ買いましたか。

鉛筆｛　　　｝　ボールペン｛　　　｝

2 道をふさいでいる山のようなうんこにトンネルをほります。Aさんにたのむと10日間，Bさんにたのむと15日間でトンネルが貫通《かんつう》します。トンネル全体の長さを1として，次の問題に答えましょう。

① Aさんが1日にほれる長さは，トンネル全体のどれだけの割合《わりあい》ですか。分数で答えましょう。

答え ＿＿＿＿＿＿＿＿

② AさんとBさんの2人《ふたり》がいっしょにほると，何日間で貫通させることができますか。

答え ＿＿＿＿＿＿＿＿

3 長さ90mのうんこが線路を走っています。このうんこが150mある鉄橋をわたり始めてから，すっかりわたり終わるまでに8秒かかりました。うんこの速度は秒速何mですか。

答え ＿＿＿＿＿＿＿＿

4 2640mはなれたところにいる校長先生と教頭先生が，おたがいのうんこを交換《こうかん》することになりました。2人は同時に向かい合って出発しました。校長先生は分速60m，教頭先生は分速72mで歩いています。2人は何分後に出会いますか。

答え ＿＿＿＿＿＿＿＿

1
理科

ものの燃え方／植物の体のはたらき

学習日　　月　　日

1 右の図のように，ろうそくを集気びんの中で燃やして，燃やす前と後のびんの中の気体の体積の割《わり》合《あい》を，気体検知管を使って調べます。

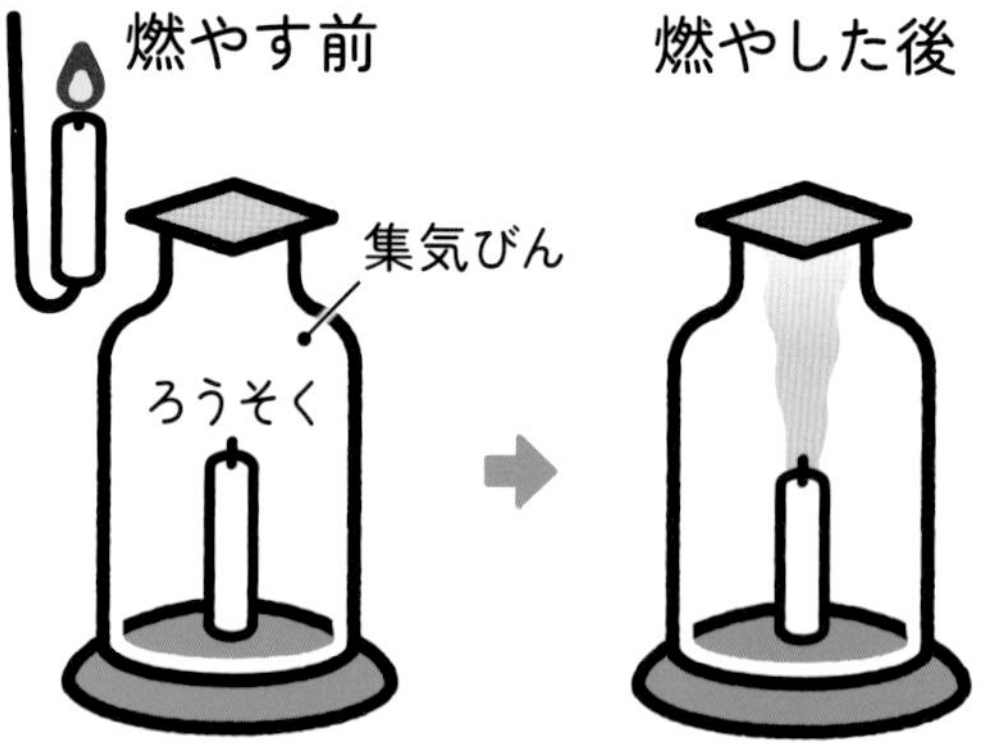

① 右のグラフの，㋐・㋑の気体は何ですか。名前を書きましょう。

㋐ {　　　　　　　　}

㋑ {　　　　　　　　}

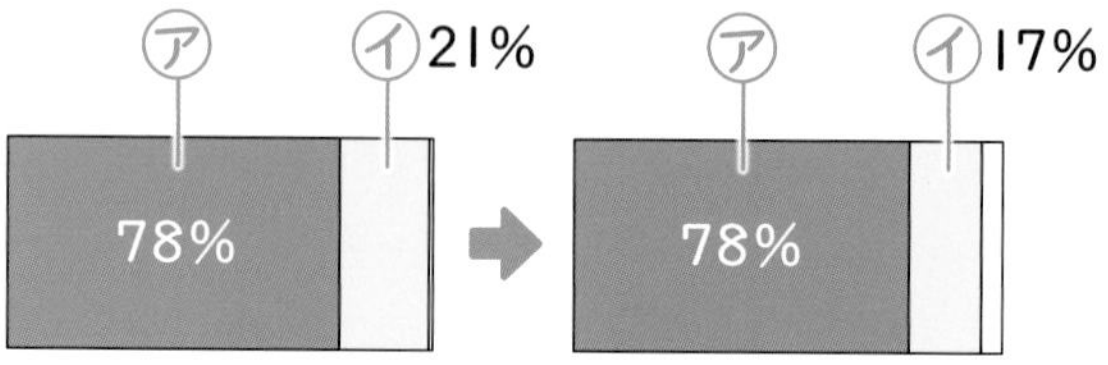

気体の体積の割合

② 二酸化炭素には，ものを燃やすはたらきがありますか。　{　　　　　　　　}

2 右の図のようにして，根を水にひたしたホウセンカにふくろをかぶせて観察します。

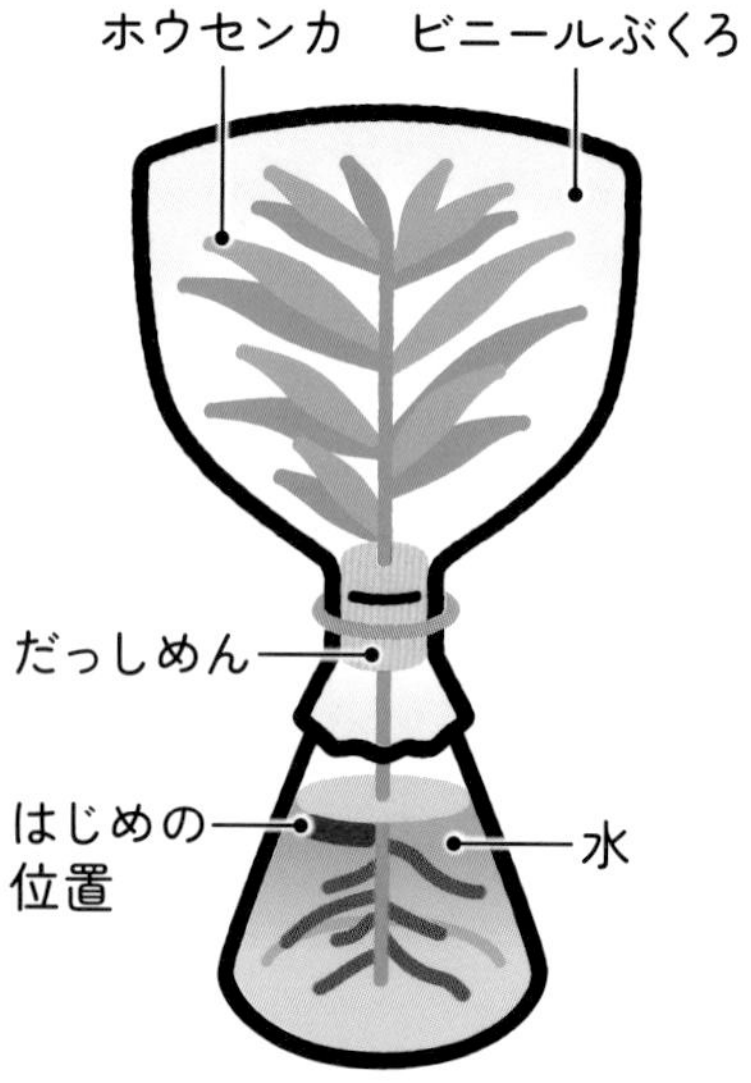

① しばらくすると，水の量が減っていました。このようになった理由として正しいものを1つ選んで，◯をつけましょう。

{　　} そばにうんこが置いてあったから。

{　　} ホウセンカがうんこに変化したから。

{　　} ホウセンカの根から水が吸《す》い上げられたから。

② ホウセンカと水の関わりについて，{　　} にあてはまることばを書きましょう。

▶ ホウセンカの体の中の水は，おもにホウセンカの {　　　　　　　　} から，{　　　　　　　　} となって出ていく。

動物の体のはたらき／月と太陽

学習日　月　日

1 右の図のように，吸《す》う空気とはいた空気を，ふくろに集めて調べます。

① ふくろに石灰水《せっかいすい》を入れてよくふると，白くにごるのは㋐・㋑のどちらですか。　｛　　　｝

② ①で答えたようになるのは，なぜですか。｛　｝にあてはまることばを書きましょう。

▶石灰水が白くにごるのは，ふくろの中の空気に｛　　　　　｝が多くふくまれているから。

③ 吸う空気とはいた空気で結果がちがうのは，体の中でどのようなことが行われているからですか。正しいものを１つ選んで，○をつけましょう。

｛　　｝体の中に二酸化炭素が取り入れられ，酸素などが出されるから。

｛　　｝体の中に酸素が取り入れられ，二酸化炭素などが出されるから。

｛　　｝体の中で取り入れられた酸素は，すべてうんこに変化するから。

2 月の見え方の変化について調べます。

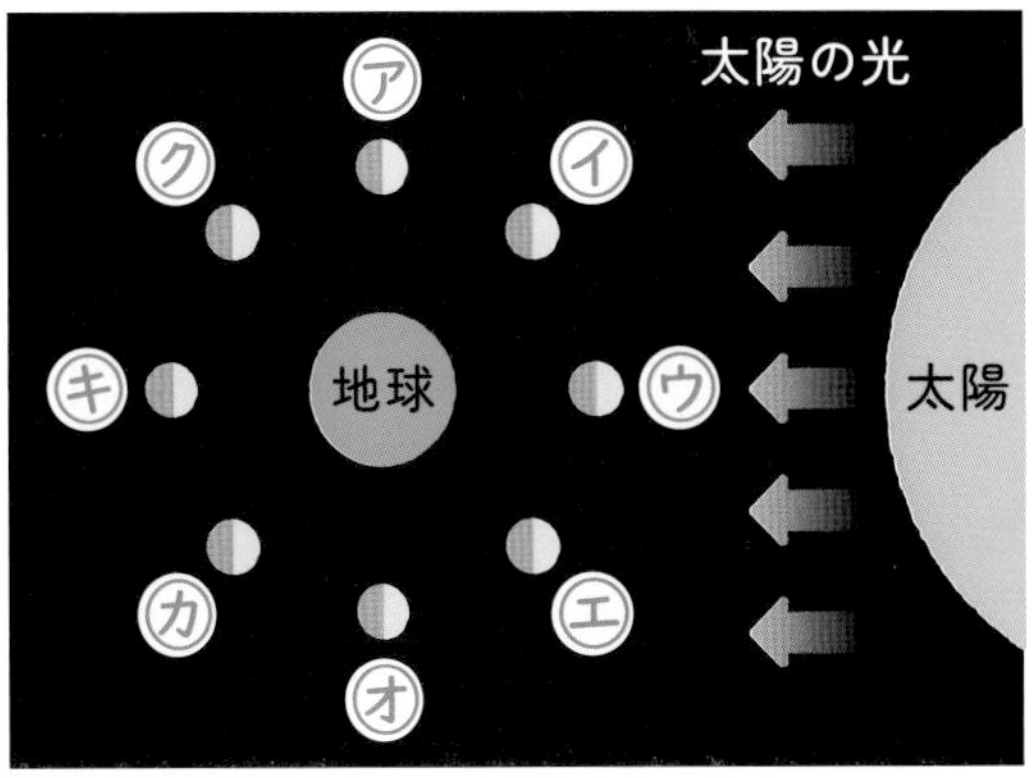

① 地球から見て月の形が次のように見えるのは，それぞれ月が㋐～㋗のどこにあるときですか。

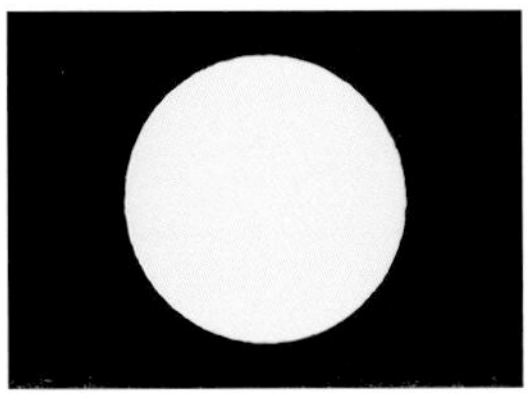

｛　　　｝

｛　　　｝

② 月の形が日によって変わって見えるのはなぜですか。正しいものを１つ選んで，○をつけましょう。

｛　　｝日によって，太陽がうんこまみれになるから。

｛　　｝日によって，月と太陽の間にうんこが入るから。

｛　　｝日によって，月と太陽の位置関係が変わるから。

水よう液／てこのはたらき

1 右の3つの水よう液について調べます。

㋐アンモニア水　㋑食塩水　㋒うすい塩酸

① 次のような性質をもつのは，㋐～㋒のどれですか。それぞれ合うものを1つ選んで，{ }に書きましょう。

▶ 加熱して蒸発《じょうはつ》させると，固体が残る。……… { }

▶ アルミニウムを入れると，はげしくあわを出してとける。……… { }

▶ 赤色リトマス紙につけると，青色に変化する。……… { }

② ㋒の水よう液に，鉄を入れてとかした後，鉄がとけた液を加熱して蒸発させます。このとき残ったものは，鉄ですか，鉄ではありませんか。

{ }

2 てこのはたらきを調べます。

① 右の図のとき，てこの右のうでに10gのおもりをつるして，つり合うようにします。次の位置におもりをつるすとき，10gのおもりを何個つるせばよいですか。

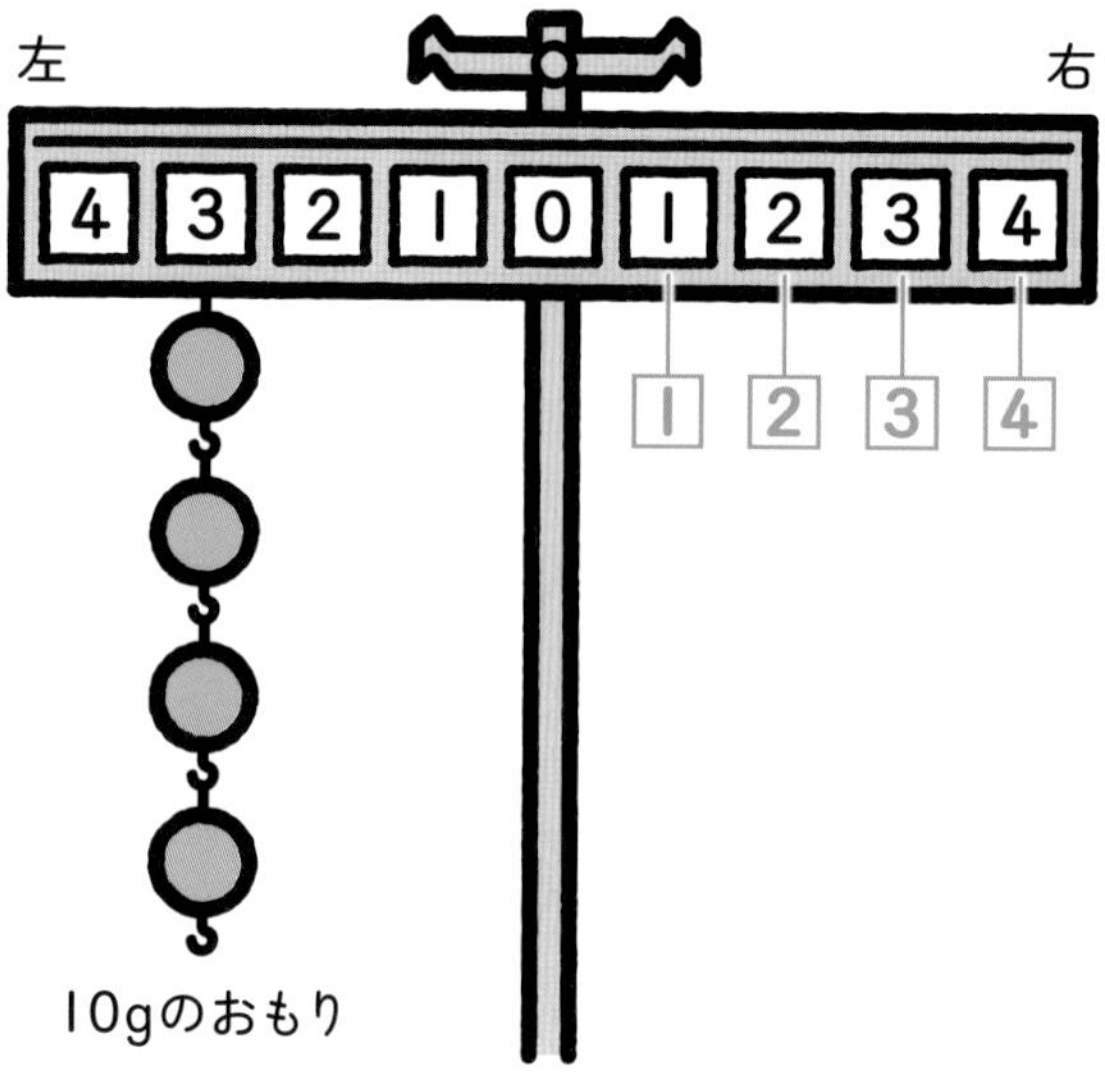

2 { }

4 { }

② てこのしくみについて，{ }にあてはまることばを書きましょう。

▶ てこの右のうでのおもりをつるすところから中心（支《し》点《てん》）までのきょりが遠い方が，{ }数のおもりでつり合わせることができる。

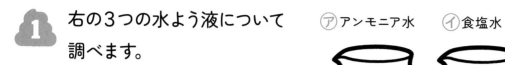

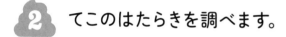

くらしと政治

学習日
…………月
…………日

1 日本国憲法《けんぽう》の三つの原則について，問題に答えましょう。

① 三つの原則の内容に合うものを選んで，●と■を線でつなぎましょう。

国民主権《こくみんしゅけん》 ●
基本的人権の尊重《そんちょう》 ●
平和主義 ●

■ 国民はだれもが人間らしく生きる権利をもつ。
■ 二度と戦争をしない。
■ うんこをする回数は総理大臣が決める。
■ 国の政治のあり方は，国民が決める。

② 選挙権は，三つの原則のうち，どの原則に関係していますか。

{　　　　　　　}

2 国会・内閣《ないかく》・裁判所《さいばんしょ》について，右の図を見て，問題に答えましょう。

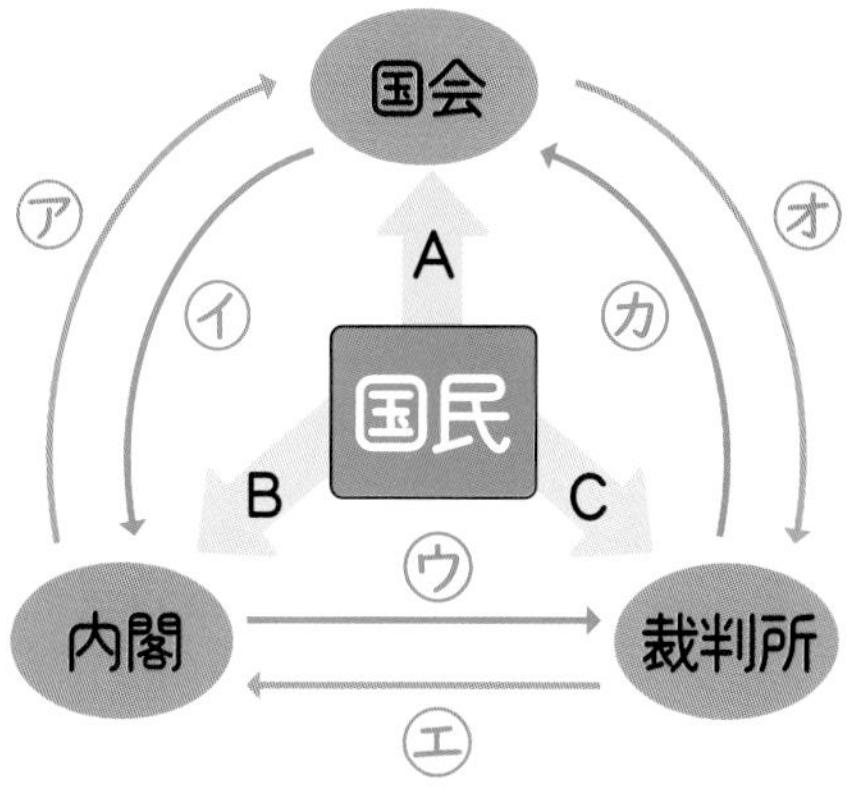

① 国会・内閣・裁判所が役割《やくわり》を分け，一つの機関に権力が集中しないようにしているしくみを，何といいますか。

{　　　　　　　}

② 国会・内閣・裁判所に対して，国民はそれぞれどのように関わっていますか。図のA～Cから１つずつ選んで，記号を書きましょう。

▶ 世論《よろん》を通して，えいきょうをあたえている。……{　　}
▶ 国民審査《こくみんしんさ》を通して，意思を表示している。……{　　}
▶ 選挙を通して，代表者を選んでいる。……{　　}

③ 国会・内閣・裁判所は，それぞれどのように関わっていますか。図のア～カから１つずつ選んで，記号を書きましょう。

▶ 裁判官をやめさせるかどうかの裁判を行う。……{　　}
▶ 行政が憲法に違反《いはん》していないかの審査を行う。……{　　}
▶ 内閣総理大臣を指名する。……{　　}

日本の歴史
(縄文《じょうもん》時代～安土桃山《あづちももやま》時代)

学習日
…………月
…………日

1 年表を見て，問題に答えましょう。

できごと

Ⓐ かりや漁のくらしが行われる……
↔ ㋐
Ⓑ 大陸から漢字が伝わる……
↔ ㋑
Ⓒ 冠位十二階《かんいじゅうにかい》が定められる……
↔ ㋒
Ⓓ 大化《たいか》の改新《かいしん》が行われる……
↔ ㋓
Ⓔ 東大寺《とうだいじ》の大仏が建立《こんりゅう》される……
↔ ㋔
Ⓕ 鎌倉《かまくら》に幕府《ばくふ》が開かれる……
↔ ㋕
Ⓖ 室町《むろまち》幕府が開かれる……
↔ ㋖
Ⓗ 室町幕府がたおされる……

① 次の人物は，上の年表のⒶ～Ⓗのどのできごとに関わりが深いですか。
1つずつ選んで記号を書きましょう。

▶ 聖徳太子《しょうとくたいし》……{　　}
▶ 織田信長《おだのぶなが》……{　　}
▶ 源《みなもとの》 頼朝《よりとも》……{　　}
▶ 中大兄皇子《なかのおおえのおうじ》……{　　}
▶ 聖武天皇《しょうむてんのう》……{　　}

② 次のできごとは，上の年表の㋐～㋖のどの時期に起こったことですか。
1つずつ選んで記号を書きましょう。あてはまるものがない場合は×を書きましょう。

▶ 邪馬台国《やまたいこく》の卑弥呼《ひみこ》が中国（魏《ぎ》）に使いを送る。……{　　}
▶ 能《のう》や狂言《きょうげん》が生まれる。……{　　}
▶ 奈良《なら》（平城京《へいじょうきょう》）に都が移る。……{　　}
▶ 貴族《きぞく》のくらしから国風《こくふう》の文化が生まれる。……{　　}
▶ うんこタワーがつくられる。……{　　}
▶ 元《げん》が二度にわたってせめてくる。（元寇《げんこう》）……{　　}

日本の歴史
(江戸《えど》時代～現代)

学習日
…………月
…………日

1 年表を見て，問題に答えましょう。

できごと

- 関《せき》ヶ《が》原《はら》の戦いが起こる……Ⓐ
- ↔ ㋐
- 鎖国《さこく》が完成する……Ⓑ
- ↔ ㋑
- 日米和親条約《にちべいわしんじょうやく》を結ぶ……Ⓒ
- ↔ ㋒
- 政権《せいけん》が朝廷《ちょうてい》にかえされる（大政奉還《たいせいほうかん》）……Ⓓ
- ↔ ㋓
- 大日本帝国憲法《ていこくけんぽう》が発布《はっぷ》される……Ⓔ
- ↔ ㋔
- 条約改正が達成される……Ⓕ
- ↔ ㋕
- 太平洋《たいへいよう》戦争が起こる……Ⓖ
- ↔ ㋖
- 日本が国際連合《こくさいれんごう》に加盟《かめい》する……Ⓗ

① 次の人物は，上の年表のⒶ～Ⓗのどのできごとに関わりが深いですか。
1つずつ選んで記号を書きましょう。

- ▶ 徳川家康《とくがわいえやす》……〔　　〕
- ▶ 小村寿太郎《こむらじゅたろう》……〔　　〕
- ▶ 徳川家光《とくがわいえみつ》……〔　　〕
- ▶ 伊藤博文《いとうひろぶみ》……〔　　〕
- ▶ ペリー……〔　　〕

② 次のできごとは，上の年表の㋐～㋖のどの時期に起こったことですか。
1つずつ選んで記号を書きましょう。あてはまるものがない場合は×を書きましょう。

- ▶ 日清《にっしん》戦争・日露《にちろ》戦争が起こる。……〔　　〕
- ▶ 日本国憲法《けんぽう》が公布される。……〔　　〕
- ▶ 日米うんこ条約を結ぶ。……〔　　〕
- ▶ 自由民権《じゆうみんけん》運動がさかんになる。……〔　　〕
- ▶ 島原《しまばら》・天草一揆《あまくさいっき》が起こる。……〔　　〕
- ▶ 普通選挙《ふつうせんきょ》制度が定められる。……〔　　〕

小学校の思い出
I enjoyed singing.

学習日
…………月
…………日

1 絵に合う英語を選んで，線で結びましょう。

①

学芸会

②

水泳大会

③

運動会

④

合唱大会

drama festival　sports day　chorus contest　swimming meet

2 日本語の意味に合う英文になるように，正しい英語を右の［　］から選んで，＿＿に書きましょう。

saw
ate
went

① 私《わたし》たちはうんこ公園に行きました。

We ＿＿＿＿ to Unko Park.

② 私はたくさんのウンコムシを見ました。

I ＿＿＿＿ a lot of *unko-mushi*.

③ 私はアイスクリームを食べました。

I ＿＿＿＿ ice cream.

3 次の英文を声に出して読んでみましょう。読んだ後は，うすい字をなぞりましょう。

① 私のいちばんの思い出は修学旅行です。

My best memory is the school trip.

② 私たちは歌うことを楽しみました。

We enjoyed singing.

中学校生活に向けて
I want to join the baseball team.

学習日
…………月
…………日

1 絵に合う英語を選んで，線で結びましょう。

① 
コンピューター部

② 
サッカー部

③ 
野球部

④ 
書道部

soccer team　　baseball team　　calligraphy club　　computer club

2 日本語の意味に合う英文になるように，正しい英語を右の［　］から選んで，＿＿に書きましょう。

enjoy
want
join

① 私《わたし》は合唱部に入りたいです。

I want to ＿＿＿＿ the chorus.

② 私はバドミントン部に入りたいです。

I ＿＿＿＿ to join the badminton team.

③ 私は文化祭を楽しみたいです。

I want to ＿＿＿＿ the cultural festival.

3 次の英文を声に出して読んでみましょう。
読んだ後は，うすい字をなぞりましょう。

① 私はバレーボール部に入りたいです。

I want to join the volleyball team.

② どの部活動に入りたいですか。

What club do you want to join?

テスト
算数

6年生のまとめ

サタンウンコホワイトが現れた！
テストを解いてサタンウンコホワイトをたおそう！

敵にあたえたダメージの合計は…
………… 万点
学習日
………… 月
………… 日

1 計算をしましょう。
1つ4万点　32万点

① $\frac{5}{6}\times8$　② $\frac{3}{4}\times\frac{2}{15}$

③ $4\frac{1}{2}\times1\frac{1}{3}$　④ $0.2\times\frac{5}{8}$

⑤ $\frac{4}{9}\div12$　⑥ $\frac{6}{7}\div\frac{9}{14}$

⑦ $2\frac{2}{3}\div\frac{8}{9}$　⑧ $\frac{5}{12}\div1.5$

2 次のような形の面積を求めましょう。
(円周率は3.14です。)
式・答え4万点ずつ　16万点

①
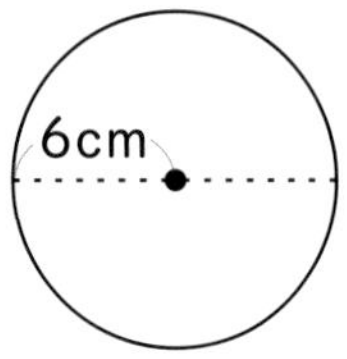

式

答え ＿＿＿＿＿＿＿＿

②
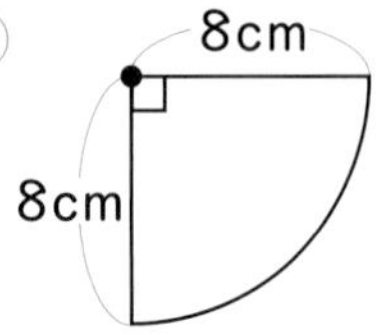

式

答え ＿＿＿＿＿＿＿＿

3 次の角柱や円柱の体積を求めましょう。
(円周率は3.14です。)
式・答え4万点ずつ　16万点

①
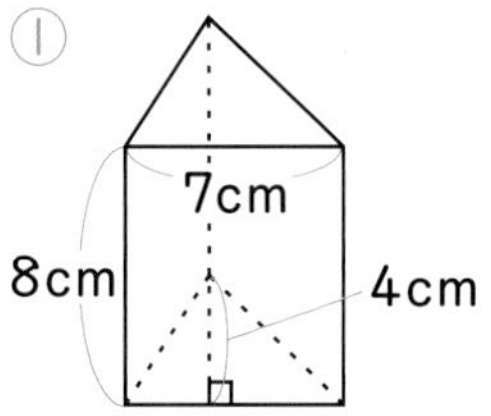

式

答え ＿＿＿＿＿＿＿＿

②
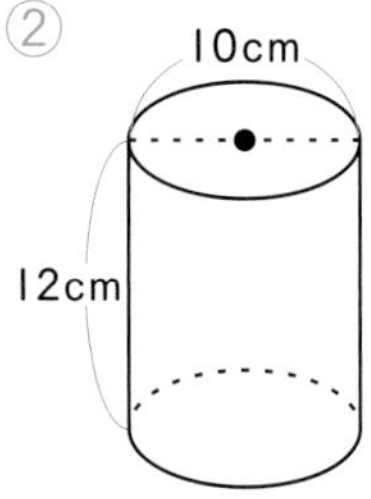

式

答え ＿＿＿＿＿＿＿＿

4 次の比を簡《かん》単にしましょう。

1つ4万点 16万点

① 28：4 ｛　　　　｝　② 1200：1800 ｛　　　　｝

③ 1.8：0.4 ｛　　　　｝　④ $\frac{1}{3}$：$\frac{2}{5}$ ｛　　　　｝

5

式・答え4万点ずつ 8万点

電車に150人が乗っています。
$\frac{3}{5}$の人がうんこをがまんしています。その$\frac{1}{6}$の人がうんこをもらしました。
うんこをもらした人は何人ですか。

式

答え ＿＿＿＿＿＿＿＿

6

6万点

「う〇こ」の〇に入る文字を聞いたところ，
「ん」と答えた人と「ろ」と答えた人の比は5：2でした。
「ん」と答えた人は200人でした。
「ろ」と答えた人は何人いましたか。

答え ＿＿＿＿＿＿＿＿

7

6万点

まみさんは，「うんこ少年漂流記《ひょうりゅうき》」（A），
「ぼくらのうんこ戦争」（B），「うんこの日記」（C）の
3冊《さつ》の本を読むことにしました。
順番に1冊ずつ読むものとすると，読む順序は全部で
何通りありますか。
それぞれA，B，Cの記号に置きかえて考えましょう。

答え ＿＿＿＿＿＿＿＿

6年生の学習は

自信をもって

全部できたね!!
This is da Music
うんこ法のきせき！
ベストセラー
たちまち重版
UNKO
5.0kg
うんこ
ニョキ
ニョキ
うんこがのびる
中学生に進もう！
終《おわり》

笑いした思い出がわたしにもある。そしてそのころに友達《ともだち》や仲間どうしでなみだが出るほど笑ったうんこの記憶《きおく》は、一生続くインパクトをもつものだ。このクラスではうんこが合言葉となる「何か」があり、小学生時代を象徴《しょうちょう》するキーワードになったのだろう。うらやましい話である。

④ 筆者は、小学生にとっての「うんこ」という思い出について、自分の経験をもとにしてどのように考察していますか。

（　　　　　　　　）

2 □に漢字を書きましょう。

1つ5万点　60万点

① 健康診断《しんだん》で□《はい》に□《い》□《じょう》が見つかったが、うんこをしたら治った。

② うんこにそこまで□《した》を近づけられるなんて、□《そん》□《けい》するよ。

③ □《わけ》もわからないうちに、うんこを□《そう》□《び》させられた。

④ □《つくえ》にうんこの□《も》□《けい》をかざる。

⑤ こんな細い□《ぼう》の上でうんこをするのは□《し》□《なん》のわざだ。

⑥ □《わたし》以外の人間がこのうんこにふれると□《けい》□《ほう》が鳴ります。

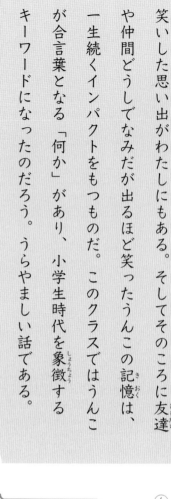

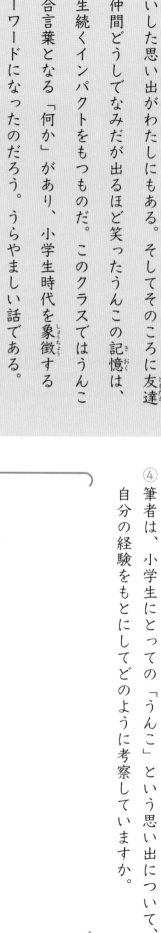

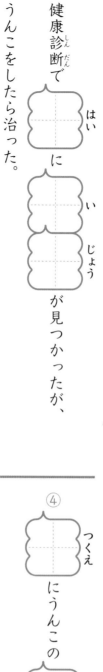

テスト
国語

6年生のまとめ

敵に
あたえたダメージの
合計は…
…………万点
学習日
…………月
…………日

1つ10万点
40万点

1 次の文章を読んで、後の問いに答えましょう。

1 かつて、全国の小学六年生にアンケートをとったことがある。中でもひときわ筆者の心に残った、あるクラスの答えをしょうかいしたい。

2 問いにはこう書かれていた。「あなたの小学生時代をふり返って、楽しかった思い出を教えてください」。そのクラスの回答で多いものを丸の大きさで図に示すとこのようになった。

3 断トツで「うんこ」である。勉強やクラブ活動に勝《まさ》るのはまだわかるが、「遊び」よりも上位に来るとはおどろきとしか言いようがない。かれらの中で忘《わす》れられないうんこブームがあったのだろうか。

4 でも、わかる気がするのだ。小学生のころにうんこで大

① この文章の「話題」は何ですか。

筆者が〔　　　　　〕ときの、心に残った答え。

② 図の中で「うんこ」が大きく書かれているのはなぜですか。

〔　　　　　〕

③ 筆者は、アンケートの結果についてどのような感想をもちましたか。一つ選んで○をつけましょう。

（　）結果が信じられず、理解のできないものだった。

（　）結果におどろいたが、納《なっ》得するものだった。

（　）結果が思ったとおりで、よくわかるものだった。

覚えたい言葉

1 次の文の——の意味を選んで、○をつけましょう。

① 率直《そっちょく》に言って、きみはうんこのことを知らなすぎだ。

（　）遠回しでおだやかな様子。
（　）ありのままで正直な様子。

② お客さまにうってつけのうんこがございます。

（　）適していないこと。
（　）ぴったり合うこと。

③ 主人公がうんこばかりして先に進まないのでもどかしい。

（　）思うようにならず、いらいらする様子。
（　）かわいくて仕方がない様子。

2 ——の言葉と似た意味の言葉を、後の［　］から選んで、（　）に書きましょう。

① 自分だけうんこを見てもらえなくていじける。
（　　　　）

② 本当に先生の頭にうんこをのせていいのかためらう。
（　　　　）

③ かれをしたう人たちがうんこを持って集まった。
（　　　　）

④ 大きなうんこの上に横になってくつろぐ。
（　　　　）

⑤ 試合に負けてくじけることもあるが、うんこがあればまたがんばれる。
（　　　　）

のんびりする ・ すねる ・ いかる
落ちこむ ・ 尊敬《そんけい》する ・ 迷う

1 次の——の、三年生までに学習した漢字の難《むずか》しい読み方を、（　）に書きましょう。

①はるか遠くの星雲からやってきたうんこ。（　）

②これをぼくのうんこと決めつけるのは早計だ。（　）

③この中から、後世に残したいうんこをみんなで選ぼう。（　）

④心血を注いで集めたうんこなので簡《かん》単に捨《す》てられない。（　）

⑤うんこについて上司の意向をうかがう。（　）

2 □に漢字を書きましょう。

①きみは、□《おう》□《ごん》よりもうんこを取ると言うのか。

②中世の□《かい》□《が》にえがかれた、うんこのなぞ。

③父がバスの中でうんこの話を始めたので□《せき》□《めん》した。

④□《ゆ》□《でん》をほり当てたのかと思うような勢いで、うんこがふき出してきた。

⑤校庭にうんこを置いたことを□《じ》□《はく》する。

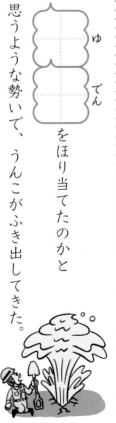

説明文④

1

次の文章を読んで、後の問題に答えましょう。

17の続き

1「我《われ》の名、うんこなり」は、アメリカの巨匠《きょしょう》デビッド・ウンコ監督《かんとく》の遺《い》作ともなった異《い》色の映《えい》画です。シカゴの町の片《かた》すみにたたずむ一つのうんこ。カメラはそのうんこの前から移動せず、うんこを見に入れかわり立ちかわりやって来る人々の姿《すがた》を映《うつ》します。

2この「我の名、うんこなり」で、うんこの役を演じたのが三浦《みうら》でした。そう、人間が、うんこそのものの役を演じたわけです。かねてより三浦の大ファンだったデビッド監督が「どうしてもミウラにお願いしたい」と海をまたいでラブコールを送った結果、このきせきの配役が実現しました。

3生身の人間がうんこの役を演じるというのはもちろん前代未《み》聞《もん》。うんこになりきった三浦の壮《そう》絶《ぜつ》な演技は、評論《ろん》家からも大絶賛されました。本作はあらゆる映画賞を総なめにし、こうして三浦の名は日本を飛び出して「世界のミウラ」となったのです。

① 「我の名、うんこなり」の内容について、文章の内容に合っていれば○、合っていなければ×をつけましょう。

（　）デビッド・ウンコ監督が日本を舞台《ぶたい》にさつえいをした。
（　）うんこを見に来る人の姿を映した作品である。
（　）一つのうんこを、カメラがさまざまな角度からさつえいしている。

② ――とは、どのようなことですか。2の段落《だんらく》から十七字で書きぬきましょう。（句読点も一字とします。）

□□□□□□□□□□□□□□□□□こと。

③ 三浦が、「世界のミウラ」と呼《よ》ばれるようになったのはなぜですか。

（　　　　　　　　）

説明文③

学習日　　月　　日

1 次の文章を読んで、後の問題に答えましょう。

1 ホームドラマ「うんこにかける青春」は、主人公の剣介《けんすけ》がうんこ投げで世界一を目指すというストーリー。剣介のひたむきなキャラクターと、剣介の夢をささえる家族の熱い姿《すがた》は日本中の人々の支持を集め、国民的人気ドラマとなりました。また、このドラマをきっかけに、それまでマイナーだった「うんこ投げ」というスポーツが流行、今ではオリンピックの正式種目にもなっています。

2 「うんこにかける青春」が放送されていた当時、主演俳優《はいゆう》三浦《みうら》右近《うこん》の年齢《ねんれい》は何と四三歳《さい》でした。その三浦が中学生男子剣介の役を演じていたのですから、プロの役者というのは本当にすごいものだとおどろかされます。

3 三浦は中学生になりきるため、ドラマのさつえい前の一年間、学生服姿で過ごしたと言います。さらに、朝九時から午後三時まで、自宅《たく》に設営した学校の教室と全く同じセットにうんこ一つだけを持ってすわっていたそうです。

4 さらに三浦はこの九年後の主演映《えい》画「我《われ》の名、うんこなり」で、今度は世界中をおどろかせることになるのでした。

(1)「うんこにかける青春」は、何が支持を集め国民的人気ドラマとなったのですか。文章中から二つさがして書きぬきましょう。

- 〔　　　　〕
- 〔　　　　〕

(2) 三浦右近が、ドラマの役作りのためにしていたことを二つ書きましょう。また、それが書かれている段落《だん》の番号を□に書きましょう。

- 一年間、〔　　　　〕こと。
- 学校の教室と全く同じセットに〔　　　　〕こと。

…□段落

四字熟語《じゅく》

学習日
月
日

1

――の四字熟語《じゅく》の意味を後の［　］から選んで、記号を書きましょう。

① どこからうんこが飛んでくるかわからない。油断大敵《たいてき》だ。［　］

② この筆箱なら、文房具《ぶんぼうぐ》以外にうんこも入りそうだし一石二鳥だ。［　］

③ お願いする前にうんこを持ってきてくれるとは、以心伝心だね。［　］

④ うんこのプールに飛びこんだスタントマンが、無我《が》夢中で泳いでいる。［　］

あ 一つのことだけに一生けん命になること。
い その場の様子に合わせて、よいやり方をすること。
う 気をゆるめると大きな失敗のもとになること。
え 言葉にしなくても考えや気持ちが通じ合うこと。
お 一つのことで二つの得をすること。

2

次の四字熟語の［　］に共通する漢字を書きましょう。

① これは本物のうんこではないと教えても、みんな［　］信《しん》［　］疑《ぎ》の様子だった。

② 姉はうんこを［　］由《ゆう》［　］在《ざい》にあやつる能力を持っている。

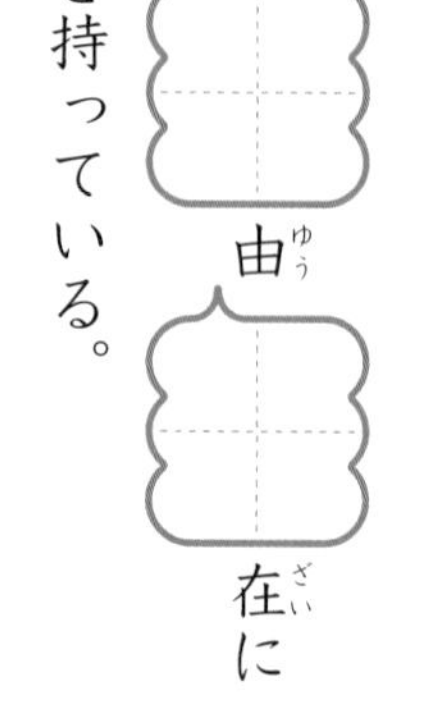

③ それぞれが［　］人《にん》［　］色《いろ》のうんこを見せてくれた。

④ ［　］体《たい》［　］命《めい》のとき、このうんこのおかげで助かりました。

⑤ ［　］心《しん》［　］意《い》うんこをすれば、きっと認《みと》めてもらえる。

文をつなぐ言葉

学習日　　月　　日

1 〔　〕に入るつなぎ言葉を、後の［　］から一回ずつ選んで書きましょう。

① 道ばたにめずらしいうんこを見つけた。〔　　〕、交番に届《とど》けた。

② 火山が噴火《ふんか》してうんこが飛び出てきた。〔　　〕、かみなりとともにうんこが落ちてきた。

③ 今日《きょう》も練習をがんばったな。〔　　〕、うんこでもするか。

④ 一日に八回うんこをふんだことがある。〔　　〕、それもいい思い出だ。

⑤ このうんこ流そうかな。〔　　〕、取っておこうかな。

さて・それとも・さらに・それで・だが

2 次の文を、［　］の言葉を使って、意味を変えないように二つの文で書き直しましょう。

例 駅に行ったが、兄には会えなかった。［しかし］

〔駅に行った。しかし、兄には会えなかった。〕

① 顔面にうんこがぶつかったが、あまり痛《いた》くはなかった。［しかし］

〔　　〕

② このうんこは鉄よりかたいし、ダイヤよりも高級だ。［しかも］

〔　　〕

③ うんこをぬすまれたようなので、警察《けいさつ》に届けた。［それで］

〔　　〕

類義語・対義語

1

次の熟語《じゅく》の類義語を後の[　]から選んで、漢字に直して書きましょう。

①勉強＝[　][　]
②見事＝[　][　]
③進歩＝[　][　]
④納得《なっ》＝[　][　]
⑤不可＝[　][　]
⑥同意＝[　][　]
⑦値《ね》段《だん》＝[　][　]
⑧指名＝[　][　]

さんせい・りっぱ・にんめい・かかく
がくしゅう・きんし・じょうたつ・りかい

2

上の言葉の類義語になるように、[　]にあてはまる漢字を書きましょう。

①天候＝天[　]
②所有＝所[　]
③関心＝[　]味
④再生＝[　]活

3

[　]に漢字を書いて、その言葉と反対の意味の言葉を（　）に書きましょう。

①「祖父がもうすぐ[　]《たい》[　]《いん》する」と聞き、喜びでうんこをもらした。
（　　）

②人が[　]《ぜん》[　]《い》で持ってきてくれたうんこは受け取るべきだと思う。
（　　）

③画像を[　]《かく》[　]《だい》するとうんこがよく見えるはずですよ。
（　　）

④落ちてくるうんこを頭で受け止めるなんて[　]《き》[　]《けん》だ。
（　　）

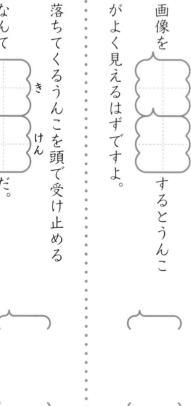

敬《けい》語

学習日
…………月
…………日

1 敬《けい》語の使い方が正しいほうを選んで、○をつけましょう。

①
（　）ぼくは明日《あす》、プロうんこ選手とお会いになります。
（　）ぼくは明日、プロうんこ選手とお会いします。

②
（　）校長先生はうんこがもれそうなのでお帰りになった。
（　）校長先生はうんこがもれそうなのでお帰りにされた。

③
（　）お客さまがうんこをおふみする。
（　）お客さまがうんこをおふみになる。

2 表の（　）に入る、特別な言葉を使った尊《そん》敬語・けんじょう語を書きましょう。

	尊敬語	けんじょう語
言う	（　）	申す・申し上げる
見る	（　）	拝《はい》見する
行く	いらっしゃる	（　）
食べる	（　）	（　）

3 ――の言葉を、〈　〉の言い方の敬語に書き直しましょう。

① 父の会社の社長が、うんこを持ってうちに来る。
〈尊敬語〉（　）

② 貴《き》重なうんこを三つもらう。
〈けんじょう語〉（　）

③ うんこをしながら、先生から来た手紙を読む。
〈けんじょう語〉（　）

④ 絶対に十秒以内にうんこをする。
〈ていねい語〉（　）

⑤ 今日《きょう》、校長先生がピアノの上でうんこをするそうだ。
〈尊敬語〉（　）

説明文②

学習日　　月　　日

1 次の文章を読んで、後の問題に答えましょう。

11の続き

うんこ法の大きな欠点とは、「人間、そんなに何個もうんこができない」というものです。AからBに至《いた》る道のりで曲がり角が二十回あった場合、うんこを二十個もするのは不可能に近い。[1]この指摘《してき》により、うんこ法はピンチに立たされました。

翌《よく》年出版された『うんこ法のきせき！』という本に、この課題に対する見事な回答が記されていました。それが「うんこ分割《ぶんかつ》法」です。最初のうんこを細かくちぎって分割しておき、以降《こう》の曲がり角では、そのちぎったうんこのかけらを使用していくわけです。

これならば、うんこは一回すればよく、指摘された欠点を克服《こくふく》しています。『うんこ法のきせき！』も三百万部のベストセラーとなりました。

[2]しかし、結局うんこ法もうんこ分割法も全く使われなくなりました。「目印はうんこである必要はなく、例えば、道ばたにある落ち葉やかれ木を使えばいいのでは？」という疑《ぎ》問の声があがったからでした。

① [1]——とありますが、どんな指摘を受けたことによるピンチですか。

（　　　　　　　　）という指摘。

② 『うんこ法のきせき！』には、指摘に対するどのような解決法が記されていますか。

最初のうんこを（　　　　）し、以降はそれをそれぞれの曲がり角に置くこと。

③ [2]——となったのはなぜですか。三十五字以内にまとめて書きましょう。

（　　　　　　　　）

説明文①

1 次の文章を読んで、後の問題に答えましょう。

　今から十年ほど前、「もう二度と帰り道で迷わない画期的な方法が発見された」と話題になったことがありました。それが「うんこ法」と呼《よ》ばれる方法です。

　うんこ法は、簡《かん》単に言うと、目的地へ向かうとき、全ての曲がり角にうんこを置いておく、という方法。

□、地点AからBまでの道のりで曲がり角を五回曲がるとします。その五回の曲がり角全てでうんこをしながら歩くというわけです。

　こうすれば、BからAへの帰り道で迷うことはありません。うんこがある方へ、うんこがある方へ、と歩を進めていくことにより、曲がり角でまちがえることなく、確実にAへと帰還《きかん》することが可能となります。

　この方法が書かれた書籍《しょせき》『うんこ法マジック!!』は、日本国内で五百万部も売れるベストセラーになりました。「帰り道で迷いたくない」という需要《じゅよう》を見事に満たす本だったわけです。

　しかし、このうんこ法にも、ある大きな欠点が見つかりました。

①「うんこ法」とは、どんな方法ですか。

（　　　　）

という方法。

②文章の□には、どんな言葉が入りますか。一つ選んで、○をつけましょう。

（　）だが　（　）また　（　）例えば

③「うんこ法」が話題になったのはなぜですか。「帰り道」「画期的」という言葉を使って書きましょう。

（　　　　）

似た形の漢字

学習日
……………月
……………日

1 □に漢字を書きましょう。

① 腹《はら》□□《まき》をした男が□□《けん》売《ばい》機の横でうんこをしている。

② 平安《へいあん》時代の□□《き》族《ぞく》のうんこが□□《い》跡《せき》から発掘《はっくつ》された。

③「うんこの□□《たて》と横の長さを測れ」という指示に□□《したが》う。

④ うんこが手に入らないので、□□《たん》生《じょう》会の日程を□□《の》ばす。

2 次の文のまちがえている漢字に×をつけて、正しい漢字に直しましょう。

例 うんこが~~山~~《で》る。　出

① うんこまみれの体《からだ》を、消防著《しょうぼうしょ》の人《ひと》がホースで洗《あら》い流《なが》してくれた。

② 父《ちち》の日《ひ》のプレゼントにうんこを選《えら》ぶとは親考行《おやこうこう》なむすこだね。

③ 一《ひと》つのうんこから、様々《さまざま》な種類《しゅるい》のうんこが脈生《はせい》した。

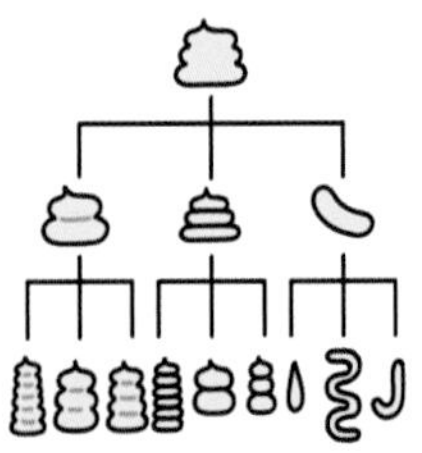

④ 父《ちち》は、うんこを運《はこ》ぶことで貸金《ちんぎん》をもらっています。

同じ読みの漢字

学習日 ……月 ……日

1 □に漢字を書きましょう。

①観《かん》□《らん》車の座《ざ》席にうんこが置いてあり、混《こん》□《らん》した。

②□《げき》場《じょう》のど真ん中でうんこをさせてもらえるなんて感《かん》□《げき》だ。

③この建物の心《しん》□《ぞう》部ともいえる部屋《へや》に、うんこが貯《ちょ》□《ぞう》してある。

④大《たい》□《しゅう》の多くは、□《しゅう》職《しょく》してもうんこの□《しゅう》集《しゅう》を続ける。

⑤□《あたた》かい日のうんこは□《あたた》かい。

⑥手にうんこを□《そな》えた男が、墓にお□《そな》え物をする。

⑦ぼくがうんこを庭に□《うつ》す姿《すがた》が、テレビ画面に□《うつ》し出された。

⑧銀行に□《つと》める男が、うんこをもらさないよう□《つと》めている。

物語文④

1 次の文章を読んで、後の問題に答えましょう。

7の続き

[1]翌《よく》日、ジョンはためていた小づかいを全てかき集め、洋服を買いに行った。きらびやかではなやかな衣装《しょう》とくつ。ジョンにとっては、自分の人生を変えるための戦闘《せんとう》服のようなものだった。

いつものかべの前にもどり、衣装に着がえ、カメラでさつえいを始める。逆立ちうんこ。宙《ちゅう》返りうんこ。回転うんこ。二十発連続うんこ。自己《こ》しょうかいもあいさつもなしで、ただひたすらジョンがうんこをするだけの動画だ。そんな動画をインターネットに公開し、ジョンはバイトに出かけた。

バイトからの帰り道。不思議なことが起こった。道行く人がみんな、ジョンの顔を見ている。まさか。かけ足になるジョン。家に帰って、[2]公開した動画をパソコンでチェックしてみた。世界中で、とんでもない数の人がジョンのうんこ動画を再生し、大絶賛のコメントを残していた。

[3]ジョンがふみ出したこの小さな一歩は、世界にプロうんこ選手という職業を生み出す大きな一歩でもあったのだ。

① [1]――とありますが、ジョンが買い物に行った理由を文章中から十一字で書きぬきましょう。

② [2]――とありますが、ジョンはどんな動画をさつえいして公開しましたか。

③ [3]――とありますが、ジョンの「小さな一歩」はどんなことにつながりましたか。

物語文③

1 次の文章を読んで、後の問題に答えましょう。

「うんこなんてだれがしても同じだろう。」

その言葉にジョン・ウンコ・アームストロングは[1]いく度となくがっかりさせられてきた。ちがう。うんこには無限の可能性があるんだ。

だれにも理解されない孤独《こどく》な気持ちを、ジョンはひたすら練習にぶつけるしかなかった。毎晩《ばん》、家の裏《うら》にあるかべの前でうんこの練習をする。回転うんこ。逆立ちうんこ。宙《ちゅう》返りうんこ。二十発連続うんこ。

「プロバスケットボール選手がいて、プロギタリストがいて、プロダンサーだっている。なのに、どうしてプロうんこ選手は……。」

くやしい気持ちでなみだがあふれそうになったとき、ふとかべに書かれた文字が目に留まった。

「世界を変えたかったらきみ自身が一歩ふみ出そう。」

今までに何百回も見たはずの落書き。何かの歌詞《し》の一部か何かだろう。どうしてなのか、この言葉が、とつ然ジョンの心の中でわんわんとひびき始めた。

「ぼく自身が……一歩……。」

[2]ジョンはうんこを片《かた》づけるのも忘《わす》れ、立ちつくした。

① [1]――とありますが、ジョンはなぜがっかりさせられてきたのですか。

ジョンは、うんこには（　　　　）があると信じているのに、人からは、うんこなんて（　　　　）と言われるから。

② だれにも理解されない気持ちをかかえていたジョンは、何をしましたか。

（　　　　　　　　）

③ [2]――とありますが、ジョンはどんな気持ちで立ちつくしていましたか。合うものを一つ選んで、○をつけましょう。

（　）次の一歩がふみ出せずに落ちこむ気持ち。

（　）自分が初のプロを目指そうと思い始める気持ち。

（　）だれがこの言葉を書いたかわからず不思議な気持ち。

熟《じゅく》語の構成

1 次の構成に合う熟語《じゅく》を後の［　］から選んで、□に書きましょう。

① 似た意味の漢字の組み合わせ……□□

② 反対の意味の漢字の組み合わせ……□□

③ 上の漢字が下の漢字を修飾《しゅうしょく》する組み合わせ……□□

④ 上の漢字が動作を、下の漢字が「～を」「～に」の意味を表す組み合わせ……□□

⑤ 上の漢字が主語、下の漢字が述語の組み合わせ……□□

人造・拡《かく》大・激《げき》減・洗《せん》顔・往復

2 反対の意味の漢字の組み合わせの熟語になるように、□に合う漢字を書きましょう。

① 進□

② 開□

③ 公□

④ □悪

⑤ □横

⑥ □得

3 あてはまる漢字を後の［　］から選んで、□に書きましょう。

① うんこに言葉を覚えさせるなんて□可能だと思っていた。

② □意識のうちにうんこを六回もしていたようだ。

③ それはうんこに対する典型□な偏見《へんけん》です。

④ はるか遠くの銀河□へうんこを飛ばす装《そう》置。

⑤ □売品のTシャツを着てうんこをする。

的・性・化・系《けい》・不・無・未・非・否《ひ》

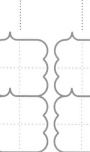

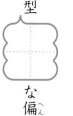

漢字③長文

学習日　　月　　日

1 □に漢字を書きましょう。

先日、父といっしょに「月うんこ」の□《てん》□《じ》を見に行った。「月うんこ」とは、月を□《たん》□《さ》していたアメリカの□《う》□《ちゅう》□《ひ》□《こう》□《し》たちが見つけて地球に持ち帰った、なぞのうんこだ。

生命が□《そん》□《ざい》しないはずの月にうんこがあったというおどろきのニュースは、世界中の人々を□《こう》□《ふん》させた。

「この発見は人類にとって□《ざい》□《ほう》のようなものだ。『月うんこ』の□《か》□《ち》は計り知れないね。」

父はそう言いながら、うるんだ目で、「月うんこ」を見つめていた。

漢字❷書き

1 □に漢字を書きましょう。

① うんこを□《みっ》□《ぺい》空間に一か月入れておくと、さてどうなる。

② 合宿所の□《き》□《りつ》に従《したが》って、正しくうんこをしましょう。

③ 明日《あす》からうんこが無料になるという□《ろう》□《ほう》が入った。

④ うんこの特ちょうを□《かん》□《けつ》に述べよ。

⑤ □《きん》□《む》中は、ずっとうんこのことを考えている。

⑥ 自宅《たく》に置いてあるうんこが心配で、□《けい》□《び》員《いん》をやとった。

⑦ 必ずご満足いただけるうんこを□《てい》□《きょう》いたします。

⑧ この□《えい》□《ぞう》をずっと見ていると、うんこがうかび上がってくる。

⑨ 敵《てき》チームの□《さく》□《りゃく》で、ボールがうんこにかえられていた。

⑩ うんこがスナイパーの□《しゃ》□《てい》きょりに入った。

小学6年生 うんこ総復習ドリル

国語 目次

算数・理科・社会・英語は反対側から始まるよ。

6年生の国語はばっちりかのう？
「うんこ総復習ドリル」の世界を旅しながら，わしといっしょに復習をしていくぞい！

1 次の文章を読んで、後の問題に答えましょう。

　私《わたし》の十歳《さい》の誕《たん》生会のときの話である。生意気で気が強く、手が付けられないやんちゃ坊主《ぼうず》だった私は、この日を境に徐々《じょじょ》に変わっていくことになった。そう、この日は、武里田《ぶりた》と出会った日だ。

　転校してきたばかりの武里田をだれが呼《よ》んだのか、私は今でも知らない。私は呼んでいない。なぜなら、私はこの誕生会で初めて武里田を見たのだから。はっきりと覚えている。我《わ》が家の土間に現れた武里田は、頭にうんこをのせていた。

　私はまだ十歳の子ども。しかもいなかのガキ大将《だいしょう》である。頭にうんこをのせている武里田を見て、私は転げ回って笑った。するとやつはつかみかかってきた。体も大きく態度もえらそうな私に、武里田は臆《おく》*することがなかった。

「きさん、気取りよっちゃらが。うんこの何ど、あかんじゃいがい。」

　方言は全くわからなかったが、かれが言いたいことは不思議と理解できた。

＊臆する…おどおどする。

①この文章は、どんな場面について書かれていますか。

主人公の「私」が、十歳の（　　　　　）の日に、初めて（　　　　　）と出会った場面。

②「私」の家に現れた武里田は、どのようなかっこうをしていましたか。

［　　　　　　　　　　　　］

③武里田は――の言葉をどのような様子で言いましたか。合うものを一つ選んで、○をつけましょう。

（　）**えらそうな態度の「私」をこわがっている様子。**

（　）**笑っている「私」を楽しませようとする様子。**

（　）**体が大きい「私」に堂々と言い放つ様子。**

物語文❷

学習日　　月　　日

1 次の文章を読んで、後の問題に答えましょう。

1の続き

「昨日《きのう》は笑っちまってごめん。おれも今日から頭にそれ、のせていいかな。」

次の日から、私《わたし》と武里田《ぶりた》は常に行動を共にするようになった。

武里田がただ者ではないことは、だれの目にも明らかだった。それは頭にうんこをのせているからだけではない。言葉では言い表せない風格というものがあるのだ。物《もの》腰《ごし》。しゃべり方。笑い方。落ち着き。それら全てが武里田という人間のスケールを雄弁《ゆうべん》に物語っていた。

私たちの小さな社会に、一瞬《いっしゅん》にして「武里田がボスだ」という暗黙《あんもく》のルールができ上がった。武里田も私に何かを感じてくれているようであった。私はそれがとてもうれしかった。ほかのだれに認《みと》められるより、彼に認められることがほこらしかった。

それは四十年たった今でも同じだ。どんな大企業《きぎょう》の会長より、どんな有名人より、武里田に認められることのほうが尊《とうと》い。私にとってかれはそんな存在《そんざい》なのだ。

① ──とありますが、武里田がただ者ではないという様子を表現した言葉を、文章中から十二字で書きぬきましょう。

□□□□□□□□□□□□

② 「私」と武里田との間に生まれた「暗黙のルール」とはどのようなものですか。

おたがいに頭にうんこをのせて、常に行動を共にしているが、（　　　　　）だというもの。

③ 「私」にとって武里田はどのような存在ですか。合うものを一つ選んで、○をつけましょう。

（　）大企業の会長よりも、かしこく実力のある存在。

（　）ほかのだれよりも、認められるとほこらしく思える存在。

（　）気軽に話しかけられないほどこわい存在。

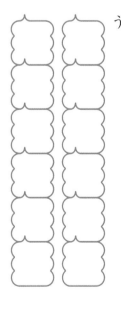

漢字❶読み

1 次の——の漢字の読みを、（　）に書きましょう。

①干潮（　）になるたびに、無数のうんこがはま辺に打ち上げられます。

②うんこがぼくのアイデアの源泉（　）だ。

③大物俳優（　）が、うんこの役になるために役作りを始めた。

④あの厳格（　）な父が、うんこを見て大爆笑《ばくしょう》している。

⑤うんこをふまずにこれ以上先へ進むのは困難（　）だ。

⑥あなたはうんこというものについて大きな誤解（　）をしているようです。

⑦砂糖（　）とうんこ、大至《し》急持ってきて。

⑧そんな姿勢（　）でうんこをする人、初めて見たよ。

⑨かれこそ、うんこの秘密（　）を知る男だ。

⑩ハーモニカの演奏（　）に合わせてうんこをする。